传奇投资人的智慧

ROLF　　　　HEINZ
MORRIEN　VINKELAU

ALLES, WAS SIE ÜBER
WARREN BUFFETT
WISSEN MÜSSEN

巴菲特
投资精要

[德] 罗尔夫·莫里安
[德] 海因茨·温克劳
___著

胡越 ___译

中信出版集团 | 北京

图书在版编目（CIP）数据

传奇投资人的智慧.巴菲特投资精要/（德）罗尔夫·
莫里安，（德）海因茨·温克劳著；胡越译. -- 北京：
中信出版社，2022.3
ISBN 978-7-5217-3986-2

Ⅰ.①传… Ⅱ.①罗…②海…③胡… Ⅲ.①投资－
基本知识 Ⅳ.① F830.59

中国版本图书馆 CIP 数据核字 (2022) 第 021068 号

传奇投资人的智慧.巴菲特投资精要
著者： [德] 罗尔夫·莫里安 [德] 海因茨·温克劳
译者： 胡越
出版发行：中信出版集团股份有限公司
（北京市朝阳区惠新东街甲 4 号富盛大厦 2 座 邮编 100029）
承印者： 北京启航东方印刷有限公司

开本：880mm×1230mm 1/32 印张：36 字数：457 千字
版次：2022 年 3 月第 1 版 印次：2022 年 3 月第 1 次印刷
京权图字：01-2021-5464 书号：ISBN 978-7-5217-3986-2
定价：294.00 元

目 录

第一部分
沃伦·巴菲特：传奇的一生

第二部分
沃伦·巴菲特的投资业绩

| **巴菲特成功三大要素**

——刘建位　《巴菲特选股10招》作者，

霍华德·马克斯作品《周期》译者

我为什么答应给这本书写序言呢？最主要的原因是，这本书有个特色：非常短，只有100多页。

巴菲特可以说是全世界最有名的投资大师，所以解读巴菲特投资成功之道的书非常多。我在美国亚马逊网站一搜索，超过3 000本。最近20年，中国股市发展很快，关于巴菲特的书也出了很多，我到国家图书馆一查，超过700本。（顺便说一下，我一个人就写了8本。）如果加上英、法、德、日，还有西班牙语国家的作品，肯定超过5 000本。在我目前读过的上百本解读巴菲特的英文书和中文书中，这本小书最短。

一般图书都有 10 多万字，而这本书的纯字数还不到这个数字的一半，随手翻阅，一两个小时就能读完了。这本书是两位德国财经作家写的，他们发挥财经专业和写作方面的特长，写得简明扼要。内容分为两大部分：第一大部分是巴菲特小传，让你大致了解巴菲特的主要人生经历和重大投资案例，第二部分是巴菲特投资策略解读，总结巴菲特投资策略的一些基本要点。读完这本书，你能迅速了解巴菲特其人、其投资、其策略。

很多人喜欢晒自己读了多少本书，读过什么大部头。其实对于一般投资人来说，一开始没有必要读那些厚厚的大部头著作，先找一本入门的小书来读，大致了解一下，有兴趣的话，再精选两三本好书仔细阅读一下就够了。

这本小书的内容已经足够精简了，我的这篇序言不需要再重复，我要做的是在我对巴菲特多年研究的基础上，进一步从三个方面精练概括，介绍巴菲特为什么投资如此成功，让你一下子有个宏观理解。

先看成果，巴菲特的长期业绩多么优异：57年，公司股价累计增长 36 000 倍。

再看原因，我个人分析，关键有三大原因：

第一个原因是巴菲特创造优异长期业绩的硬件：伯克希尔公司。

第二个原因是巴菲特创造优异长期业绩的软件：寻找超级明星股票。

第三个原因在于巴菲特这个人是实干派：做老实人，说老实话，办老实事。

下面我来逐一简单介绍。

巴菲特的优异长期业绩：57 年，公司股价累计增长 36 000 倍

巴菲特管理的伯克希尔公司，全称伯克希尔－哈撒韦公司，是一家上市公司。

先看长期业绩。1964 年到 2021 年的 57 年间，伯克希尔公司的股价累计增长 36 000 倍，同期标准普尔 500 指数累计增长 302 倍，巴菲特的长期业绩相当于市场平均水平的近 120 倍。同一时期，伯克希尔股票的年化收益率为 19%，标准普尔 500 指数的年化收益率为 10%，伯克希尔股票的年化收益涨幅接近于市场整体水平的两倍。在巴菲特的管理下，伯克希尔公司让股东收获了 36 000 倍的涨幅，成为有史以来最牛的长期赚器机器。

再看绝对规模。截至 2022 年 3 月 16 日，伯克希尔公司股票总市值超过 7 400 亿美元，折合人民币 4.7 万亿元，在全美上市公司排行榜上名列前十。我算了一下，这相当于中国第一大白酒股茅台（2.1 万亿元）、中国第一大银行股工商银行（1.6 万亿元），以及中国第一大能源股中国石油（1 万亿元）的市值之和。伯克希尔公司的核心业务是保险，其股票市值比中国平安（8 000 亿元）、中国人寿（7 000 亿元）、中国人保（2 000 亿元）、中国太保（2 000 亿元）四大保险公司市值之和的两倍还要多。

你可能会说，股票市值的数据不够"硬"。截至 2021 年年底，伯克希尔公司的净资产超过 5 000 亿美元，固定资产超过 1 500 亿美元，账上现金接近 1 500 亿美元，这三项"最硬资产数据"在全美上市公司排行榜上全部名列第一。

用我们熟悉的电脑来比喻的话，巴菲特打造的伯克希尔这个赚钱机器的硬件明显与众不同，软件也明显与众不同。综合分析巴菲特创造"57 年，36 000 倍"的原因，我认为可以总结为三个要点。

第一靠硬件：伯克希尔公司

伯克希尔公司的业务模式非常与众不同，可以说全世界绝无仅有。

巴菲特控股并经营管理的伯克希尔公司，由伯克希尔和哈撒韦两家纺织企业合并而成。巴菲特

1965年收购了这家上市公司的控股权,成为第一大股东,在经营了20年之后,他彻底关闭了公司的纺织业务,通过持续收购扩张,将其逐步转型为一家以财险、意外险等保险业务为核心的投资控股企业集团。

正因为完全是投资控股,完全不管旗下企业的具体业务经营,伯克希尔公司的总部才可以非常小,只有25个人,而旗下控股企业的员工总数却有超过36万人。

伯克希尔太不同于一般的那些企业集团了,我也是摸索了好几年才大体上搞明白其复杂的业务框架。简单地说,巴菲特50多年下来,把伯克希尔这个企业集团打造成了一个超级庞大也超级高效的赚钱机器,融资投资形成了内部的良性循环。

保险业务是融资渠道,股票投资和并购投资是投资渠道,一个进,两个出。进来的保险资金越多,沉淀在账上的长期保险资金的规模就越大;可以用于投资股票和并购的资金规模越大,盈利规模就越大，公司的财务实力也越强；这样一来，公司能够承接的保单规模更大，保费收入更多，沉淀下来的长期保险资金规模就进一步地放大，投资规模也进一步地放大，通过一个完整的闭环，形成了良性循环。

今年我想到一个形象的比喻，可以让你一下子看清伯克希尔整个企业集团的业务经营大格局。

你可以将伯克希尔这家庞大的企业集团看成一辆由巴菲特驾驶的超大、超长的超级大巴。这辆"伯克希尔号"超级大巴主要由三大部分构成：

第一部分是发动机，就是公司最核心的保险业务。这是整个公司所有业务的核心推动力。2021年，伯克希尔的保费收入为695亿美元，折合人民币超过4 000亿元。

第二部分是前轮，就是公司庞大的股票投资。这是巴菲特的看家本事，也是公司最主要的盈利来源。2021年年底，伯克希尔的持股市值有3 500多亿美元，折合人民币2.2万亿元。比中国社保基金会的股票投资规模还要大。

第三部分是后轮，就是公司庞大的并购投资。巴菲特最初以股票投资为主，后来公司规模大了，就开始并购。他逐步收购控股了许多大型企业，形成了规模庞大的实业投资。可以说，巴菲特的投资就是"两条腿走路"，既做股票投资，也做并购控股的实业投资。

在实业投资这一块，伯克希尔公司投资控股的企业的业务非常多元化，从内衣到飞机发动机部件，从巧克力到私人飞机，这些企业为集团提供了非常稳定的盈利和现金流。2021年，控股企业为伯克希尔集团贡献净利润超过110亿美元，约合人民币700亿元以上。

驾驶这辆全球传统行业第一大市值的"超级大巴"的司机，就是巴菲特，副驾驶是查理·芒格，两人从1962年开始合作项目，1978年正式成为同事，至今合作将近60年。

这辆"大巴"超级豪华，但票价也很高，在美股市场，其A股一股股票的市场价格超过50万美元，合人民币340万元以上。除了票价超级贵，座位人数也很有限。"乘客"中既有机构投资者，也有个人投资者。在100多万名追随巴菲特多年的个人投资者中，有些老股东甚至是50年的铁杆粉丝。这些股东的信任和支持，也是巴菲特成功的重要因素之一。

有了超级大巴这个形象，你就可以一下子看清伯克希尔公司三大业务形成的大格局：发动机是保险业务，前轮是股票投资，后轮是并购投资。

这可以说是我研究巴菲特最得意的三大发现之一了。

好了，硬件说完了，我们再来说说软件。

第二靠软件：寻找超级明星股票

巴菲特这样总结他的选股策略："我们始终在寻找符合以下标准的大公司：业务清晰易懂，盈利能力非常优异而且能够长期保持，管理层十分能干并且一切从股东利益出发。专注于投资这类公司并不能保证一定会有好的投资结果，因此我们不但必须只以合理的价格买入，而且我们买入的公司的未来业绩还要符合我们的预期。这种寻找超级明星的投资方式，给我们提供了走向真正成功的唯一机会。"

上面这段话，估计你听了一时也记不住，我2007年在央视讲十集《学习巴菲特》，当时想了好久，想到一个办法，让人一听就能记住。

我从小学读到大学，一直想成为学生中的超级明星，就是校级三好学生，可惜从来没有评上过。我忽然一想，巴菲特寻找的超级明星企业，就是像三好学生一样的三好股票：好业务，好管理，好价格。

好业务：盈利能力非常优异，而且能够长期保持。

好管理：管理层十分能干，并且一切从股东利益出发。

好价格：必须只以合理的价格买入。价格好坏是相对于价值而言的，根据你对公司业务和管理的分析，预测其未来长期业绩，在此基础上保守评估这家公司现在的内在价值是多少，再根据其股份总数推算出一股股票价值多少钱，这样你就心里有数了。看看市场价格相对于内在价值是明显过于高估，还是过于低估，还是相对合理。如果处于低估，且只有6折甚至5折的水平，即使你的评估不够准确，有这么大的折扣，你也相当安全了。

用三好学生的分析框架来解读巴菲特的三条选股标准，是我研究巴菲特最得意的三大发现之二。

把好学生的标准概括成德、智、体全面发展的三好学生，把好股票的标准概括成业务好、管理好、价格好的三好股票，这样你可以化繁为简，剩下的就是研究巴菲特的投资选股案例，结合自己的实际情况，活学活用了。

理解这三条标准不难，学习巴菲特的分析方法也不难，难的是在买入时不轻易降低标准，因为牛市时期股市行情好就随意追涨买入，难的是在持有后不轻易卖出，特别是在熊市时期，股市一跌就拿不住了，错失后来十年的巨大涨幅。

再多说一点，找到超级明星股票相当不容易，买到更不容易，市场上那么多基金经理、专业机构、投资高手天天在寻找相对低估的个股，而这种超级明星股票很少有过于低估的机会，你只有具备10年的长期眼光才可能发现，才有胆量买入。回想过去50多年的美国股市和过去30多年的中国股市，有好多超级明星股票都是人人皆知的大白马，它们在熊市时期处于低估水平好几年，却少有人敢买，更是少有人敢在买入后长期持有10年、20年。说长期投资的人多得很，真正像巴菲特那样能够长期持有10年甚至20年的人极少。这就像说要早起早睡、多锻炼的人数以亿万，但真正10年、20年坚持如此的人，千里挑一。

前面说，我研究巴菲特有20来年了，三个最得意的发现中，第一个是巴菲特选择超级明星股票的三好学生分析框架。第二个就是巴菲特打造伯克希尔投资控股平台的超级大巴分析框架。那么我第三个最得意的发现是什么呢？

第三靠实干：做老实人，说老实话，办老实事

我后来才逐步发现，巴菲特不是理论家，而是实干派，他是靠实实在在做出非常高的投资业绩而得到大众的广泛认可的。成功的关键不是理论，而是实践。

随着学习巴菲特越深入，自己的投资经验教训越多，我越发现，巴菲特讲的都是大实话。巴菲特讲的投资原则，都是非常简单、非常朴实的东西，说起来一点儿也不复杂，但是要持续不断地践行就不是那么简单了。

投资最重要的是执行，不是比谁说得好，讲得好。有很多人在讲巴菲特时会引申到天道、地道、人道，说得很玄乎，仿佛巴菲特是研究了五千年中国古典文化才做得这么好，实际上巴菲特一个汉字

也不识。

我认为，巴菲特是一个很朴实的人，他的原则也是很朴实的原则，他做人、做事都很朴实。

巴菲特基本上把 90% 的时间精力都用于阅读公司年报，每年股东大会上，巴菲特回答观众提问时，关于公司和行业的基本面数据总是一串一串脱口而出。但是他很少引经据典，不讲什么大道，不讲什么理论，不讲什么文化，巴菲特是实干派。相反，我参加过一些研究巴菲特的讨论会和报告会，听见好多中国投资人动不动就是"道、法、术"，满口很大的理论和名词，讲得比巴菲特玄乎多了，却几乎听不到他们讲数据、讲案例。空谈误国，实干兴邦。治国如此，投资更是如此。

巴菲特每年都要给旗下的 100 多家控股公司的首席执行官写一封信，主要是重复下面三点要求，你一听就知道了。

做老实人：做事之前先想一想，你的所作所为，如果被一个想要爆料的本地大报记者知道了，他会写成一篇文章，刊登到头版头条上，你的所有家人、亲戚、朋友、同学、同事都会看到，那么这件事你还会去做吗？

说老实话：坏消息要第一时间上报，好消息不用着急上报，人们早晚会知道的。

干老实事：假设这是你们家族唯一的企业，要传承一百年，你会怎么做？就按这样的标准做。

总结一下，我研究巴菲特有 20 来年了，三个最得意的发现中，第一个是巴菲特选择超级明星股票的三好学生分析框架。第二个是巴菲特打造伯克希尔投资控股平台的超级大巴分析框架。第三个是巴菲特是实干派，做投资、做企业，和为人处世一样，要做老实人，说老实话，办老实事。

可能有的人会说，你说这些，跟这本书有什么关系呢？它们不但跟这本书有关系，跟你读巴菲特的所有"致股东的信"，跟你读所有与巴菲特相关的解读图书都有关系。

你读的所有巴菲特投资选股案例，都可以归结到三好学生超级明星股票分析框架上：好业务，好管理，好价格。这就像你在学校里争当三好学生时有清晰的目标一样，你对巴菲特投资选股方法的认识也有了清晰的三大标准。

你读所有有关巴菲特经营管理方面的作品，都可以归结到超级大巴投资控股平台分析框架上：发动机是保险业务，前轮是股票投资，后轮是并购投资。这让你感觉自己像大巴车司机一样对车辆有清楚的整体认识，你清楚地知道巴菲特管理企业的大动作是为了加强哪一块业务，对于整个企业的长期发展有什么实际意义。

巴菲特的投资管理和企业管理作风，其实根源在于巴菲特为人处世的作风，就是实干派，实事求是，做老实人，说老实话，办老实事。有了这三点，你再看巴菲特的所作所为，一下子就明白了。

巴菲特说过：向大师学习一小时，胜过自己苦苦摸索十年。你阅读这本小书半个小时，可能至少胜过自己苦思半年。

作为现代股票交易史上最著名、最成功的投资
大师，沃伦·巴菲特谈到投资时曾说："投资很简
单，但并不容易。"他的搭档查理·芒格也说过类
似的话："把一个简单的想法拿来认真对待。"

成功的投资并不神秘。正如巴菲特和芒格所
言，我们在"传奇投资人的智慧"系列图书中向你
介绍的许多投资策略实际上非常简单：你只需要了
解清楚每一个投资策略的运作方式，然后始终如一
地将这些理论知识付诸实践。

在本系列图书中，我们会从几位传奇投资人的
生平开始介绍。你很快就会发现，往往是早年的生

活经历塑造了他们之后的传奇人生。沃伦·巴菲特童年的逸事已经成为经典：小巴菲特在社区内四处转悠，以每瓶 5 美分的价格向街坊邻居兜售可乐。在此之前，他在祖父的杂货店以 25 美分的价格购买 6 瓶装的可乐。他是这样计算的：投资成本为 25 美分，营收为 30 美分（5 美分 / 瓶 × 6 瓶），利润率为 20%。而这 20% 的利润率也伴随了巴菲特传奇的一生，巴菲特一直在接下来的商业机会中寻求并取得类似的利润率。

虽然我们无法真的进入这些传奇投资人的童年记忆，但是你可以在本系列图书中找到他们是如何发展和成就自我的。接下来，我们将在本书中向你展现巴菲特经典的成功投资案例，以及让巴菲特、芒格和伯克希尔 – 哈撒韦公司取得瞩目成就的投资策略。

在过去几年、几十年甚至几个世纪里，有数十位顶尖专家找到了通往成功的道路，我们为何要尝试自己去"发明"一种全新的、未经检验的投资策略呢？模仿大师的投资策略并不是一件坏事。恰恰相反，能够识别、理解并在新的情境中实践和运用成功的投资策略是一门艺术。如果只关注自己的想法，忽视那些已经被市场检验的超级成功的投资经验，就很容易重蹈覆辙，甚至最终走入死胡同。我们如果能提前向大师学习，就可以避免这些错误的发生。

这并不是说我们要在所有情况下都完全复制大师的做法，学习的关键在于理解这些卓越投资者的决策过程和策略本身。特兰·格里芬在他的著作《查理·芒格的原则》中描述得很精彩：

> 就像没有人可以成为第二个沃伦·巴菲特一样，也不会有人成为第二个查理·芒格。我们不必像对待英雄那样对待任何人，而是要考虑芒格是否像他的偶像本杰明·富兰克林那样拥有我们想要效仿的素质、特质、投资体系或生活方式，即使只有部分值得借鉴。

同样，这也可以解释芒格为什么会阅读数百部人物传记。从他人的成败中吸取经验教训是最快的学习方式之一，可以让自己变得更聪明，却不必忍受很大的痛苦。

最后，查理·芒格呼吁大家要拥有长期的耐心，即使没有很快在股市上获得利润也要沉住气："人生中的第一桶金往往是最难获得的。"

我们由衷地希望你阅读愉快，并祝你在未来获得丰厚的股市利润。

海因茨·温克劳

罗尔夫·莫里安

第一部分

沃伦·巴菲特：
传奇的一生

沃伦·爱德华·巴菲特于1930年8月30日出生于内布拉斯加州的奥马哈市。奥马哈有40万居民，是内布拉斯加州最大的城市，位于美国中西部，远离美国东海岸和西海岸的经济中心。奥马哈位于密苏里河沿岸，是联合太平洋铁路公司的总部所在地，除了因地理位置而闻名，奥马哈还因其拥有众多高尔夫球场而被人熟知。每年，有成千上万人涌入这座城市，他们将奥马哈视为朝圣之地，目的是在伯克希尔－哈撒韦公司一年一度的股东大会上聆听他们的偶像——超级投资家沃伦·巴菲特的"奥马哈神谕"。令这些股东趋之若鹜的原因不必多说：沃伦·巴菲特以微薄的启动资金起步，最终取得多年位居全球富豪榜前十名的瞩目成就。在过去的几十年里，他让无数伯克希尔－哈撒韦公司的股东变得富有。我们不难理解为什么来自世界各地的投资者都想向这位传奇投资家学习。巴菲特也乐意慷慨地付出他的时间：在正式的股东大会结束后，他会与他的搭档查理·芒格一起，花上几个小时详细回答来自股东、分析师和记者的问题。这项为忠实的伯克希尔－哈撒韦股东提供的特别服务，为巴菲特的传奇地位增添了浓墨重彩的一笔。多年来，伯克希尔－哈撒韦年度股东大会一直是财经作家的必修课，在圈内被称为"资本家的伍德斯托克音乐节"。巴菲特是如何取得这些成就的？他天生拥有投资家基因吗？他有没有为他成为投资高手铺平道路的伯乐？或者，他莫非只是拥有众所周知的"能力者运气"？你将在本书中找到这些问题的答案，你还可以据此判断自己是否也具备成为优秀投资者的条件。我们希望你可以通过使用巴菲特的这些简单易懂的投资策略来提高投资收益。

奥马哈的童年时代

（1930—1942）

沃伦·巴菲特来自一个传统的商人家庭。巴菲特家族几代人都在奥马哈经营一家杂货店。沃伦·巴菲特的父亲霍华德·巴菲特在全球金融危机期间在奥马哈成立了一家证券经纪公司，因此沃伦在很小的时候就接触了股票业务，这对他后来的发展至关重要。5岁时，"巴菲特的爱好和兴趣都和数字有关"。[1]例如，在父母带他参加礼拜时，他会使用赞美诗歌本上记载的出生和死亡年份来计算教堂音乐家的寿命。他还和学校的朋友们一起，用纸笔记下驶过小伙伴鲍勃·拉塞尔家阳台的汽车车牌号。他和拉斯（巴菲特称呼拉塞尔的昵称）一起背诵大城市的人口，并且以互相考查为消遣。"我考他10个城市的人口，他全都知道。"[2]拉塞尔说。巴菲特的玩具也与数字有关。在他小时候，他的姑妈艾丽斯送给他一只秒表。有了这只秒表，几乎所有时间值都被他仔细记录下来。最令他爱不释手的玩具是他在圣诞节得到的硬币兑换器。他走到哪里都随身带着这个兑换器，这个玩具还在他的小生意里派上了用场。[3]带着叮叮当当的硬币兑换器，小巴菲特在邻居家附近转悠，以每瓶5美分的价格卖可乐。除了可乐，巴菲特也卖口香糖。10岁时，他在奥马哈大学足球场卖爆米花和花生。之后，他还和朋友们在奥马哈的众多高尔夫球场附近寻找丢失的高尔夫球，将它们清洗、分类，并转售获利。巴菲特家的孩子年满10岁时，父亲会带他们去美国东海岸旅行一次。孩子们可以自己决定想去哪里参观。这个选择对沃伦·巴菲特来说并不困难。"我告诉父亲，我只想参观3个地方：斯科特出版公司（曾出版发行硬币和邮票类读物）、莱昂内尔火车模型公司和纽约证券交易所。"[4]巴菲特在11岁时初次投身股市。他说服姐姐多丽丝与他一起，每人投资114.75美元购买了俄克拉何马州一家石油和天然气公司——城市服务公司的3股优先股。他此前曾密切关注城市服务公司的股价波动情况，还知道父亲向客户推荐过城市服务公司的股票，于是决定把自己辛苦赚来的钱都投资在这只股票上。然而不幸的是，股市在1941年夏天暴跌，城市服务公司的股价也随之下跌，短时间内，巴菲特的账面浮亏了30%。之后股市回暖，姐弟俩将股票卖出，每人只赚了5美元。如果年轻的巴菲特表现出更多耐心，小利润就会变成大回报：城市服务公司的股价在他仓促出售后继续复苏并上涨至每股200多美元。尽管第一次进入股市的经历并不尽如人意，但生活还是要继续。巴菲特决定转移"商业活动"的重心。他和他的朋友们成为阿克－萨－本赛马场的常客（阿克－萨－本是阿拉伯语Ak-Sar-Ben，倒过来拼写是内布拉斯加州）。他们在那里收集废弃的投注单，在这些投注单上他们可以找到许多被忽视的奖金。

　　巴菲特和拉塞尔在赛马场上做的另一件事是开发了一个供赛马者使用的参考系统，他们将这套系统命名为"必胜马仔系统"，并制作成宣传单，试图销售给赛马场的人。"不过我们没有营业执照，后来他们就把我们给赶跑了"[5]鲍勃·拉塞尔说。

美国东海岸的青少年时代

(1942—1947)

1942 年，美国国会选举。共和党的活跃人士霍华德·巴菲特作为候选人参选，"因为找不到另一位愿意对抗民主党人的共和党人，只好由他亲自参选"。[6] 巴菲特支持他的父亲参加竞选，但对赢得竞选并不抱太大希望。他的父亲也是这么想的，因为在选举日当天，"我父亲准备好了落选声明。我们和往常一样，在晚上 8 点 30 分至 9 点之间上床睡觉，因为我们从不熬夜。第二天起床时，父亲发现他赢得了选举"。[7] 父亲在选举中的胜利意味着 12 岁的巴菲特的生活发生了一个重大改变：整个家庭不得不跟随霍华德·巴菲特举家搬迁到华盛顿。巴菲特在陌生的环境中非常不开心，因此，他的父母允许他回到奥马哈和祖父、艾丽斯姑妈一起住几个月。在奥马哈，巴菲特恢复了他的"商业活动"。"我在附近收集废旧报纸和杂志，然后出售给废品收购站。艾丽斯姑妈开车送我到收购站。100磅[①]废纸可以卖35美分左右。"[8]周末，他在祖父欧内斯特的杂货店里帮工。然而，暑假过后，巴菲特不得不搬回华盛顿。最初，他在交友方面遇到了问题。后来，他终于结交到两个新朋友，他说服他们和他一起离家出走。然而一天后，这次"远足"被警察终止，男孩们被带回到父母身边。巴菲特在学校也不顺利，他的成绩很差，他这样描述自己在这个阶段的情况："我是一个真正的叛逆者。有些老师说我最终会失败。"[9]他重新开始找工作，成为《华盛顿邮报》和《华盛顿时代先驱报》的送报员。在送报的过程中，他还向订户出售杂志。他的收入很

---

① 1磅=0.453 6千克。——编者注

不错，而且他把每一分钱都节省下来。14岁时，他将1 200美元的积蓄投资于内布拉斯加州的一座农场。初中毕业后，他于1945年春天进入伍德罗·威尔逊高中，在那里，他很快就结识了新朋友。巴菲特和他的新伙伴唐纳德·丹利一起进入一个新的业务领域。他们购买了二手弹子球机，将其摆放在美发沙龙中，收益与理发师五五分成。这个生意很火爆："有些时候，我们每周能赚50美元。"巴菲特回忆道。[10]他还将他在奥马哈小规模试点的二手高尔夫球生意提高到专业水平。他不再到高尔夫球场附近的水坑里寻找丢失的球，而是低价购买二手球并转售，每个可赚20美分。他还通过向收藏家出售邮票和帮人做汽车保养来赚取一些收入。得益于这些忙碌的生意，他在15岁时就已经赚了2 000美元。对当时的年轻人来说，这是一笔不小的财富。[11]

　　巴菲特的学习成绩也好起来。1947年夏天，他高中毕业，在高三的374名学生中成绩排名第16位。在伍德罗·威尔逊高中的年鉴中，沃伦·巴菲特的照片下方写着："喜欢数学，一位未来的股票经纪人。"[12] 那个时候，他的存款已飙升至惊人的 9 000 美元。[13]

费城、林肯和纽约的大学时代

(1947—1951)

　　高中毕业后，巴菲特遵循父亲的愿望，进入费城宾夕法尼亚大学著名的沃顿商学院主修经济学。他认为上大学对自己来说是多余的。"我知道我想做什么。我可以赚足够的钱来维持生活。大学只会让我止步不前。"[14]

　　沃顿的学业对巴菲特来说是强制性的，虽然不会给他带来乐趣，但由于他的照相机式的惊人记忆力，考试对他来说并不困难。"只要前一天晚上打开书，喝一大瓶百事可乐，我就能得100分。"[15]（你可能对巴菲特百事可乐的消耗量感到震惊，这里解释一下：巴菲特是在买入可口可乐公司的股票以后，才把他最喜欢的饮料换成可口可乐的，并至今被认为是可口可乐的最佳无偿广告代言人。即使在伯克希尔－哈撒韦的股东大会上，他也总是带着宣传意味地喝上几罐。）对巴菲特来说，大学的课程过于理论化，和他多年来积累的赚钱实践经验相去甚远。上大学后，他有足够的时间开拓自己的生意。他和老朋友唐纳德·丹利以 350 美元的价格从一家废品经销商店买了一辆 20 年车龄的劳斯莱斯汽车。在唐纳德将汽车翻新后，他们将其用于短途旅行，并以单程 35 美元的价格租给其他人使用。[16]

1948 年年底，霍华德·巴菲特竞选第三次连任国会议员，但以失败告终。当父母搬回老家奥马哈后，巴菲特也离开了沃顿商学院，转学到了位于林肯市的内布拉斯加大学。（林肯市位于美国内布拉斯加州东部，是内布拉斯加州首府，也是该州仅次于奥马哈的第二大城市。）"我不觉得自己在沃顿商学院还有什么能学到的。内布拉斯加大学把我召唤了过来。"[17]

巴菲特以极快的速度从内布拉斯加大学毕业。他在 1949 年冬季学期修了 5 门课，在 1950 年夏季学期修了 6 门课。1950 年夏季学期结束时，他获得了工商管理学士学位。

尽管学业繁忙，巴菲特在这段短暂的时光里并没有放弃做生意。他重新开始售卖二手高尔夫球，假期时还在奥马哈的 J.C. 彭尼零售公司担任销售员。他又找了一份《林肯周报》的工作——这次不再担任送报员，而是担任地区经理。他负责管理 50 个报童，在内布拉斯加州南部的 6 个县派送《林肯周报》。

20 岁时，沃伦·巴菲特已经从他所有的投资中赚到了 9 800 美元。[18] 理所应当地，他想把这笔钱投进股市。这一次，巴菲特不想依靠别人的建议。他正在寻找一种适合自己的投资策略。他订阅了股票信息服务，阅读了所有关于股票分析方法的书，并在当地图书馆偶然发现了本杰明·格雷厄姆的著作《聪明的投资者》。这本书对他以后的人生产生了巨大的影响。"我不想看起来像一个宗教狂热分子，但这本书确实极大地吸引了我，让我对投资产生了顿悟。"[19]"他就像找到了上帝。"[20]他当时的室友、后来的姐夫杜鲁门·伍德这样评价巴菲特对这本书的迷恋。

附记 | 传奇投资大师本杰明·格雷厄姆

本杰明·格雷厄姆于 1894 年 5 月 9 日出生于伦敦，出生时的名字是本杰明·格罗斯鲍姆。童年时期，他随父母搬到纽约，在那里更改为美国姓氏格雷厄姆。1914 年大学毕业后，他在纽约华尔街的纽伯格－亨德森－劳伯证券经纪公司开启了自己的职业生涯，并在 5 年内晋升成为合伙人。1926 年，他与耶罗·梅·纽曼一起创立了一家资产管理公司，这家公司在全球金融危机中一度濒临破产。1928 年，格雷厄姆回到纽约哥伦比亚大学执教。作为哥伦比亚大学教授，他与同事大卫·多德一起创立了基本面分析和价值投资理论。本杰明·格雷厄姆于 62 岁退休，并于 1976 年 9 月 21 日在法国艾森普罗旺斯去世。

在赚钱的同时，沃伦·巴菲特也发现了学习的乐趣，否则他不会决定继续攻读硕士学位。他申请了著名的哈佛商学院，但遗憾地遭到了拒绝。"我与毕业于哈佛商学院的面试官进行了 10 分钟的面试谈话。他评估了我的能力，拒绝了我的申请。"[21]

巴菲特对哈佛大学的拒绝感到失望，但并没有放弃商学院申请之路。在寻找目标学校的时候，他偶然发现了纽约哥伦比亚大学的一份信息手册，里面介绍了本杰明·格雷厄姆和大卫·多德是那里的教授。作为格雷厄姆的铁杆粉丝，沃伦很清楚自己想去哥伦比亚大学学习的强烈意愿。"我在 8 月给大卫·多德写了一封申请信，那时距离新学期开学还剩大约 1 个月，实际上当时申请已经迟了。我已经忘记具体写了什么，可能是因为我刚好看到这本关于哥伦比亚大学的小册子，了解到多德和格雷厄姆在那里教书，我原本以为他们是在奥林匹斯山的某个地方。我说，如果他们愿意接收我为学生，我很乐意前去。这是一封相当有个性的申请信。"巴菲特回忆道。[22]

尽管申请信提交得很晚，而且没有经过面试，沃伦·巴菲特还是在1950年冬季学期被哥伦比亚大学正式录取了。为了跟随价值投资的奠基人格雷厄姆学习，巴菲特做了充分的准备。他熟读格雷厄姆和多德的书《聪明的投资者》，几乎可以背诵。"我把这本书读透了。你可以想象，当多德看到有人对他的书如此感兴趣时，印象会多么深刻。"[23]

多德在上课的第一天就直接和巴菲特打招呼，可见这封申请信一定给多德留下了非常深刻的印象。多德后来盛情邀请巴菲特到家里做客，并将他介绍给了自己的家人。巴菲特也获得了格雷厄姆的认可，他是第一个获得"A+"成绩的学生，这是格雷厄姆在他22年的教学生涯中从未给出过的分数。[24]与多德不同，年轻的巴菲特未能和格雷厄姆建立起更紧密的个人关系。"所有人都钦佩他，都喜欢他，想和他做朋友。然而，这对导师来说并不重要。"巴菲特回忆。[25]

在哥伦比亚大学对价值投资的研究对沃伦·巴菲特后来的职业生涯起到了关键作用。而且在此期间，巴菲特建立了许多对他而言非常重要的人际关系，例如，弗雷德·斯坦贝克、沃尔特·施洛斯、汤姆·纳普和日后成功创立红杉基金的比尔·鲁安。他们经常会花好几个小时讨论格雷厄姆在课堂上推荐的股票，以及他们自己买的股票。

在学业即将结束时，巴菲特向他的导师本杰明·格雷厄姆申请成为格雷厄姆–纽曼公司的员工。他甚至愿意无偿为导师打工。但格雷厄姆拒绝了他。"他只是对我说，你看，华尔街的大投资银行现在仍然不雇用犹太人。我们这里只能雇用很少的人，所以我们只招犹太人。我可以理解他。"[26]1951年夏天，沃伦·巴菲特从哥伦比亚大学商学院硕士毕业，回到了老家奥马哈。

从奥马哈的股票经纪人到纽约的基金经理

(1951—1956)

回到奥马哈后，巴菲特搬进了父母的家。他的父母已经搬回华盛顿，因为霍华德·巴菲特在1950年的国会选举中再次赢回了自己在众议院的席位。沃伦·巴菲特拒绝了奥马哈国家银行提供的职位，在父亲创办的股票经纪公司巴菲特－福尔克公司开始了股票经纪人的职业生涯。

他急切地向客户推荐他根据格雷厄姆的价值投资标准筛选出来的股票。[27] 其中包括政府雇员保险公司的股票。这家公司只向政府雇员销售机动车辆保险，市场份额只有不到1%，但根据巴菲特的分析，这家公司增长潜力巨大，保守估计，它的股价将在 5 年内翻一番，从 42 美元到 80 美元，再到 90 美元。[28] 格雷厄姆 – 纽曼公司是该公司的主要股东，而本杰明·格雷厄姆是格雷厄姆 – 纽曼公司的董事长，这些事实无疑支持了巴菲特的判断。巴菲特将自己大部分的积蓄——1 万美元拿来购买政府雇员保险公司的股票，并逢人就推荐这只股票。第二年，他就从这只股票上获得了 50% 的收益。[29]

他还投资了房地产，以及辛克莱加油站，但这些投资都以失败告终。"投资加油站是一个愚蠢的想法。我为此损失了 2 000 美元，这在当时对我来说是一大笔钱。我以前从未遭受如此沉重的损失。想想都很痛心。"[30]

这段时期，巴菲特的个人生活过得很滋润。1952 年春天，他与未婚妻苏珊·汤普森结婚，与她一起搬进了他在宾夕法尼亚大学的前室友查尔斯·彼得森帮忙租的小公寓。1953 年 7 月 30 日，苏珊和他的第一个孩子出生了，他们给女儿取名为苏茜·艾丽斯。

然而，巴菲特对他作为股票经纪人的工作越来越不满意。他的收入并不和他对股票做的深入研究成正比。因为无论他花多少时间分析股票，赚到的销售佣金都很微薄。"我想和客户坐在桌子的同一边。我从未卖过任何我不相信或我自己没有购买的东西。但是，只有卖出股票，我才可以获得提成。如果客户问我这件事，我就会直说。我不喜欢为了佣金推销股票。我想和我的客户保持利益一致，朝同一个方向努力。我希望每个人都知道发生了什么，但是股票经纪人的行业特性让信息自然不会这样透明。"[31]

　　巴菲特从未与他的导师本杰明·格雷厄姆失去联系，并且内心依然希望格雷厄姆可以重新考虑雇用他。终于，1954 年年中，时机到了。"本写信说：回来吧。"[32]巴菲特迫不及待地登上了飞往纽约的飞机。1954 年 8 月 2 日，在约定的入职日期前一个月，他就出现在了格雷厄姆 – 纽曼公司的工作岗位上。一个月后，他的小家庭也来到他的身边。

他们搬到了纽约郊区的怀特普莱恩斯。1954年12月，这个小家庭逐渐壮大。苏珊和沃伦又有了一个儿子，名为霍华德·格雷厄姆。

格雷厄姆－纽曼是一家小型投资公司，一共有8名员工，包括秘书和经理。所有员工都穿着看起来像实验室服装的灰色夹克。"他们也给了我一件夹克，这对我来说是一个重要的时刻。本有一件，杰瑞·纽曼也有一件。我们穿的外套都一样。"[33]巴菲特回忆道。格雷厄姆－纽曼公司专门研究小型的、不知名公司的股票，这些公司的"交易价格不到其净营运资本的1/3——换句话说，股票价格非常便宜"。[34]格雷厄姆也将这些股票称为烟蒂型股票，如同香烟吸到最后，剩下的那个小烟头。烟蒂型股票价格便宜、不受欢迎，就像抽完了被随手扔掉的烟蒂，但里面还剩下一些烟草，格雷厄姆－纽曼公司专门研究如何找到这些烟蒂，点燃它们，慢慢吸上"最后一口"，获取最后的一点儿价值。格雷厄姆－纽曼公司的证券分析师在穆迪和标准普尔的普通股票市场上寻找此类烟蒂，并用搜索到的公司经营数据填写现成的分析表格，由格雷厄姆和纽曼来决定是否值得为这个烟蒂弯腰。如果巴菲特认为值得购买的烟蒂型股票被否决，他通常会以个人名义购买这只股票。

格雷厄姆－纽曼公司购买了大量烟蒂型股票，其中一些的购买数量很少。一些股票的投资仓位是 1 000 美元甚至更低。然而，巴菲特并不喜欢这种资产配置高度分散的投资方法。"当他听到多元化这个词时，他翻了个白眼。"[35] 许多年后，巴菲特用他非常形象幽默的语言向他的股东提出建议："投资要集中。如果你的后宫有 40 个女人，你就不会真正了解其中的任何一个。"

巴菲特曾想象在格雷厄姆－纽曼公司的工作会比现在更好。格雷厄姆总是与他的员工保持距离。根据巴菲特的说法，"他的周围好像有某种保护罩。每个人都喜欢他。每个人都钦佩他，喜欢和他在一起，但没有人能真正接近他。"[36] 巴菲特也不喜欢格雷厄姆极度规避风险的投资风格。这只基金只管理 500 万美元的资产，几乎没有什么投资空间可以施展。

但巴菲特做得很好。一年半之后，本杰明·格雷厄姆和杰瑞·纽曼已经把他当成了潜在的合伙人。巴菲特的传记作者艾丽斯·施罗德这样写道："巴菲特在格雷厄姆 – 纽曼公司的出色工作使他成为公司的顶梁柱。"[37]

当巴菲特为格雷厄姆 – 纽曼公司工作两年时，本杰明·格雷厄姆宣布退休。他解散了格雷厄姆 – 纽曼公司，巴菲特和他的小家庭回到了奥马哈。[38]

合伙企业时期——创办投资公司的岁月

(1956—1969)

实际上，巴菲特也在考虑跟随他的导师一起退休。"我当时有大约 17.4 万美元存款，也考虑退休。我以每月 175 美元的价格在奥马哈安德伍德 5202 号租了一套房子。我们每年的生活费只需要 1.2 万美元，而且我的财产越来越多。"[39] 但是，26 岁退休确实有些为时过早。

巴菲特最终决定自己创业。他创办了巴菲特联合有限公司。此外，他还在奥马哈大学教授投资分析、智慧投资和女性投资课程。

在巴菲特联合有限公司，巴菲特作为普通合伙人，个人出资 100 美元。其他 6 位有限合伙人共计投资 10.5 万美元，他们都是巴菲特的亲友。巴菲特想把投资的主动权掌握在自己手中，不让合伙人干涉他的投资决策："这些资本对我来说就像自己的钱一样，我用它们投资，承担损失，也分享利润。但是，我不会告诉你我用你的钱具体做些什么。"[40]

巴菲特联合有限公司的利润和风险分配也有明确规定："如果利润高于 4%，我就分得其中的一半，如果利润低于 4%，我就分得其中的 1/4。所以，如果利润刚好为 4%，我就亏本了。而且我偿还损失的义务不仅限于我的本金。"[41]

然而，损失从未出现。相反，在前 5 年里，巴菲特联合有限公司实现了 251% 的累计利润，每年的投资业绩都会击败道琼斯工业平均指数。5 年来，投资巴菲特联合有限公司所获得的收益是投资道琼斯工业平均指数的 3 倍多。[42]

巴菲特成功的投资战绩广为流传，在随后的几年里，他吸引了更多投资者。然而，他并没有将新资本带入现有的巴菲特联合有限公司，而是成立了多家投资公司（参见表1）。

在经营小型投资公司的那些年里，巴菲特投资的公司股票价格极其便宜。正如他从格雷厄姆－纽曼公司学到的那样，他研究并追踪烟蒂型公司和其他价值被低估的公司，并将资本投资于它们的股票。这方面的一个经典案例是投资美国国民火灾保险公司。

表1　巴菲特创办的多家投资公司

序号	公司名称	成立年份	投资人（不含巴菲特本人）	成立资本（美元）
1	巴菲特联合有限公司	1956	汤普森博士、多丽丝·杜鲁门、伍德、艾丽斯·巴菲特、查尔斯·彼得森、伊丽莎白·彼得森、唐·莫内恩	105 000
2	巴菲特基金有限公司	1956	霍默·道奇教授	120 000
3	B–C有限公司	1956	约翰·克利里	55 000
4	安德伍德合伙有限公司	1957	伊丽莎白·彼得斯	85 000

序号	公司名称	成立年份	投资人（不含巴菲特本人）	成立资本（美元）
5	达西合伙有限公司	1957	埃德温·戴维斯、多萝西·戴维斯以及他们的三个孩子	100 000
6	莫内恩–巴菲特合伙有限公司	1958	唐·莫内恩、玛丽艾伦·莫内恩	70 000
7	格伦诺夫合伙有限公司	1959	小卡斯帕·奥福特、约翰·奥福特、威廉·格伦	50 000
8	埃姆迪合伙有限公司	1960	卡罗尔·安格尔、比尔·安格尔等11名医生	110 000
9	安投资合伙有限公司	1960	伊丽莎白·斯托兹	不详
10	巴菲特–TD合伙有限公司	1960	马蒂·托普及其家人	250 000
11	巴菲特–霍兰德合伙投资公司	1961	迪克·霍兰德、玛丽·霍兰德	不详

　　第一次世界大战后，总部位于奥马哈的美国国民火灾保险公司的股票价格变得非常低。巴菲特意识到这只股票值得买进，于是和他的合伙人唐·莫内恩以100美元的价格收购了能够收购到的

所有股票[43]，最终，他们拿到了约 10% 的美国国民火灾保险公司的股票，赚到了超过 10 万美元。这是巴菲特的第一次大手笔。[44]

和导师格雷厄姆一样，巴菲特会避开投资新型科技公司。与格雷厄姆极度规避风险的理由不同，他的理由是自己不了解新技术，他只会投资自己了解的公司。这是巴菲特重要的投资原则之一："只投资了解其业务逻辑的公司。"

1958 年，巴菲特以 31 550 美元的价格在奥马哈的法南街买了一栋房子。他把这次购房称为"巴菲特的愚蠢之举"，因为他发现在个人生活上进行投资对他来说很不容易。但这项投资也是值得的，因为巴菲特今天仍然住在那里。搬进新家后不久，巴菲特的第二个儿子彼得·安德鲁·巴菲特出生了。

1959 年夏天，巴菲特遇到了他未来的事业合伙人查理·芒格。达西合伙有限公司的投资人之一埃德温·戴维斯与巴菲特的姐夫李·西曼在奥马哈的一家上流俱乐部组织了一次饭局，他们邀请了巴菲特和戴维斯儿时最好的朋友查理·芒格一同参加。芒格在奥马哈出生、长大，毕业于哈佛大学法学院，毕业后在加州从事法律工作。巴菲特和芒格见面后聊得非常投机，西曼和戴维斯夫妇告别离开后，两人留下来继续交谈。这次会面后，他们一直保持着联系。[45] 几年后，两人成为有史以来世界上最成功的投资界完美搭档。

1961 年年初，巴菲特的几家合伙投资公司的总资本超过了 700 万美元，巴菲特本人持有的股份价值 100 万美元。合伙投资公司的股东人数从 7 人增加到 90 人，员工人数却并未增长，因为巴菲特在创业的前 5 年都是独自管理这些公司的。

1962 年年初，巴菲特决定进行管理改革。他解散了所有合伙投资公司，共 11 家，并将它们合并为巴菲特合伙有限公司。他在离家不远的基维特广场租了办公室，与他父亲的证券经纪公司共用办公空间。之后，他聘请了公司的第一名员工，是一个他在奥马哈大学教授投资课程时认识的人。巴菲特将自己大部分的个人资产——近 45 万美元投资于新公司，苏珊和他因此共同持有新公司 14% 的股份。[46]

在 20 世纪 60 年代初，巴菲特再次发现了一个烟蒂型投资机会（被低估的股票），并选择主动出手。内布拉斯加州比阿特丽斯的风车制造商邓普斯特农具机械制造公司的股价当时为每股 18 美元，而账面价值为每股 72 美元，且在稳步上升。巴菲特持续买入邓普斯特的股票，最终取得了公司的控制权。之后，巴菲特根据芒格的推荐，任命了哈里·博特尔作为公司的新任首席执行官。博特尔进行了大规模裁员，这让他和巴菲特在比阿特丽斯留下了不近人情的名声。1962 年年底，邓普斯特恢复盈利。巴菲特计划将这家公司卖掉，这激起了比阿特丽斯居民的愤怒。最终，公司创始人的孙子查尔斯·邓普斯特和其他几位投资者以近 300 万美元的价格收购了该公司。巴菲特和他的合伙人实现了超过 200 万美元的财富增长。但非常注重个人声誉的巴菲特从此发誓，他再也不想裁人了。[47]

1962 年，巴菲特合伙有限公司开始收购位于马萨诸塞州新贝德福德的纺织公司伯克希尔－哈撒韦的股份。按照烟蒂理论，这家公司也属于被低估的资产。伯克希尔－哈撒韦公司的实际价值为每股 16.50 美元，而其股价仅为每股 7.60 美元。[48]

随着巴菲特合伙有限公司的成立，巴菲特不再局限于根据烟蒂理论的标准对股票进行估值。1963 年，大豆油交易商安东尼·德·安吉利斯犯下重大欺诈行为，美国运通深受其害，股价暴跌 50% 以上。当时，投资美国运通有很高的风险。但巴菲特通过对当地银行和消费场所的市场调查发现，大豆油丑闻并未动摇人们对美国运通信用卡的信心。于是，巴菲特毫不犹豫地向美国运通投资了 1 300 万美元。之后，美国运通股价回升，这项投资为巴菲特合伙有限公司带来了 2 000 万美元的巨额利润。[49]与纯粹复制格雷厄姆的价值投资理论不同，巴菲特将无法量化的指标，比如公司的品牌价值，纳入了投资决策的衡量标准。

1965 年，沃伦·巴菲特的父亲霍华德·巴菲特去世。这对他来说是一个巨大的打击。为了纪念至爱的父亲，他将霍华德的肖像挂在办公室里。同年，巴菲特合伙有限公司控股了烟蒂型公司伯克希尔－哈撒韦。在后来回顾这件事时，巴菲特认为对伯克希尔－哈撒韦的控股是一次糟糕的投资："我在这家公司上投了太多钱。如果我从未听说伯克希尔－哈撒韦，我会过得更好。"[50]

1966 年春天，巴菲特、芒格和大卫·戈特斯曼共同创立了多元零售公司，专门从事零售类公司的收购。多元零售公司进行的第一笔收购是巴尔的摩的霍希尔德－科恩百货公司，其中一部分收购资金来自贷款，这是巴菲特第一次使用贷款，不过芒格曾经操盘类似的信贷融资交易。不久之后，多元零售公司买下了联合棉纺公司，这是一家经营女装的连锁百货商店。[51]

20 世纪 60 年代，巴菲特还收购了一家保险公司（奥马哈的国民赔偿保险公司）和一家营销赠品公司（帕萨迪纳的蓝筹印花公司）。这两家公司的共同点是，它们都有浮存金。客户需要先付钱给它们，而这些钱只能在日后的某个特定时间赎回：如在保险理赔时，或者在小册子上贴满了印花优惠券时。巴菲特可以将这些浮存金投资于其他有价值的公司，无须支付利息。收购拥有浮存金的公司是一个伟大的商业理念！

接下来，巴菲特收购了一家"他所见过的最赚钱的银行"——总部位于罗克福德的伊利诺伊国民银行。1969 年，他收购了两家报纸出版商，《奥马哈太阳报》和《华盛顿月刊》。[52]《奥马哈太阳报》曾发表过一篇关于公益儿童社区"男孩镇"捐款欺诈的文章，该文章于 1973 年获得普利策奖。斯宾塞·屈塞主演的奥斯卡获奖影片《孤儿乐园》令"男孩镇"广为人知，斯宾塞·屈塞在电影中饰演弗拉纳根神父。《奥马哈太阳报》的文章获得普利策奖这件事让巴菲特很兴奋，当时他正想将投资版图扩张到新闻业。

此外，巴菲特还向迪士尼公司投资了400万美元。迪士尼当时的市盈率为10倍，这是一个很有吸引力的数字。对巴菲特而言，决定这项投资的关键因素不仅是股价，还有非量化价值。他推断，仅迪士尼电影档案的价值就和公司的市值相当。[53]

附记 | 市盈率

市盈率（P/E）是股票投资中最常见的估值指标，它代表一家公司的每股股价与每股收益的比率。低市盈率可以作为买入股票的依据，但不一定是绝对性因素。

20世纪60年代，美国股市投机风气盛行，高科技热潮之后又出现了并购浪潮。许多公司将价值不大的业务部门拆分出来，投放到市场上。总体而言，这一时期美国股市的特点是投机交易成为主流。在那些所谓的繁荣时代，一个泡沫的破灭伴随着另一个泡沫的诞生，道琼斯工业平均指数剧烈波动。[54] 对于 20 世纪 60 年代的投机风潮，巴菲特选择拒绝"上车"。他不是一个喜欢赚快钱的投机者："我对这种市场环境没有兴趣，我不想通过尝试玩儿我不了解的游戏来打破我长期保持的成功纪录。"[55]

1969 年年底，他解散了巴菲特合伙有限公司。除了伯克希尔 – 哈撒韦公司和多元零售公司，巴菲特合伙有限公司的所有投资项目均清算完毕。他为前股东提供了两个选项：可以由公司回购其持有的股份，也可以根据持股份额，按比例兑换为伯克希尔 – 哈撒韦公司或多元零售公司的股份。在 1969 年 12 月 5 日发布的致股东的信中，巴菲特写道："我认为这两家公司的股票都应该是不错的长期投资标的，很高兴我已经将自己的大部分资产投资于它们。"他提示股东："我向大家推荐两个值得选择的投资人：桑迪·戈特斯曼和比尔·鲁安。他们特别优秀且为人诚实，我不仅了解他们的业绩，还知道他们是如何做到的，这非常重要。"[56]

附记｜比尔·鲁安和桑迪·戈特斯曼

比尔·鲁安于 1925 年 10 月 24 日生于芝加哥。他毕业于明尼苏达大学电气工程专业。在抗日战争期间服完兵役后，他进入美国通用电气公司任职，但很快就结束这份工作，进入哈佛商学院深造。他在格雷厄姆教授的研讨会上遇到了沃伦·巴菲特。从哈佛商学院毕业后，鲁安先后在波士顿银行、基德尔-皮博迪公司共工作了 20 多年。1969 年，他创办了自己的投资公司，成立红杉基金，巴菲特的一些前股东在巴菲特合伙有限公司解散后，经由巴菲特引荐加入了红杉基金。红杉基金非常成功，业绩大幅跑赢标准普尔 500 指数。鲁安晚年因癌症并发症病逝于纽约，享年 79 岁。

桑迪·戈特斯曼于 1926 年 4 月 26 日生于纽约。1964 年，他在纽约创立了投资咨询公司

第一曼哈顿有限公司。他早期投资了伯克希尔 –
哈撒韦，并于 2003 年被任命为伯克希尔 – 哈撒
韦董事会成员。他居住在纽约州拉伊市。

　　总体而言，巴菲特投资公司的资产在 1968 年
已增至 1.04 亿美元。巴菲特将他在巴菲特合伙有
限公司的股份换购为伯克希尔 – 哈撒韦公司 29%
的股份，并保留了他在多元零售公司的股份。[57]

伯克希尔－哈撒韦——从纺织公司到投资控股王国（1970 年至今）

　　巴菲特解散了巴菲特合伙有限公司，但这并不意味着他要退出股市。他继续购买伯克希尔－哈撒韦公司和多元零售公司的股票，并收购了蓝筹印花公司。20 世纪 70 年代初，巴菲特家族控股伯克希尔－哈撒韦公司（拥有近 36% 的股份）和多元零售公司（拥有 44% 的股份）。在蓝筹印花公司，巴菲特家族也是间接的大股东。[58]

　　此时，伯克希尔－哈撒韦早已不再是一家单纯的纺织公司。当 1965 年巴菲特被选为董事会主席时，伯克希尔－哈撒韦公司旗下的 14 家纺织厂只剩下 2 家。[59] 但直到 1985 年，伯克希尔－哈撒韦的最后一家纺织厂才正式关闭。自 20 世纪 60 年代中期以来，巴菲特逐渐将伯克希尔－哈撒韦转型为一家金融投资控股公司，从事各种投资业务。伯克希尔－哈撒韦公司先后投资了国民赔偿保险公司、伊利诺伊国民银行和《奥马哈太阳报》。多元零售公司仍然持有联合棉纺公司和霍希尔德－科恩百货公司。巴菲特合伙有限公司已不复存在，但很多股东都选择将原来持有的股份兑换为伯克希尔－哈撒韦或多元零售公司的股票，继续信任巴菲特作为他们的资产管理人。[60]

巴菲特合伙有限公司解散后，巴菲特的第一次大手笔收购是洛杉矶的喜诗糖果公司。巴菲特从蓝筹印花公司总裁比尔拉姆齐那里得知喜诗糖果计划出售。经过长时间的谈判，巴菲特和芒格通过他们共同持股的蓝筹印花公司以 2 500 万美元的价格收购了这家公司。如果以严格的价值投资理论衡量，这笔交易实际上并不算好。喜诗糖果的收购价格是其账面价值的 3 倍。但考虑到无形资产（品牌、声誉、商标专利和几乎无限的定价权），这次收购是有前景的，尤其是从芒格的角度来看。芒格说服了巴菲特，认为收购喜诗糖果确实是一个不错的选择。芒格说："这是我们第一次为质量本身投资。"[61] 巴菲特也认为这次投资超越了烟蒂策略的常规标准："以合理的价格购买一家卓越的公司远比以优惠的价格购买一家平庸的公司要好得多。"[62]

在经历了繁荣岁月之后，美国股市进入熊市，股价开始持续下跌。道琼斯工业平均指数 1972 年跌破了 1 000 点大关，在之后的几年里，它以相对平稳的速度下跌至 1974 年的 616 点。巴菲特并没有忧愁或愤怒，即使伯克希尔－哈撒韦公司的股价也在暴跌。他继续努力投资。在接受《福布斯》采访，被问及如何看待现阶段的市场时，他回答说："正如一个痴迷于美色的男人看到了一位美女，现在是投资的好时机。"[63]

巴菲特还与芒格一起通过蓝筹印花公司进行了另一笔大型交易。1972 年，蓝筹印花公司购买了韦斯科金融公司 8% 的股份。韦斯科金融公司拥有一家储蓄银行，当时的每股股价很划算，不到每股账面价值的一半。然而，在 1 月，韦斯科宣布计划与圣巴巴拉金融公司合并。巴菲特和芒格对合并条款感到失望，并联系了韦斯科的高层管理人员。经过长时间的谈判，巴菲特说服公司创始人的女儿、董事会成员伊丽莎白·彼得斯取消了计划中的合并。合并被叫停后，韦斯科的股价开始下跌。蓝筹印花公司以合并计划取消前的股价收购了股东们手中的股份。到 1974 年年中，蓝筹印花公司完成了韦斯科金融公司大部分股份的收购。然而，蓝筹印花公司的这次收购行动引来了美国证券交易委员会的调查。美国证券交易委员会怀疑蓝筹印花公司蓄意破坏韦斯科的合并计划，以达到接管公司的目的。经过两年的调查，美国证券交易委员会终于对此案做出了审理。蓝筹印花公司获得了警告处罚，并不得不支付 11.5 万美元的罚金。美国证券交易委员会并未对巴菲特进行任何处罚。

巴菲特从这次调查中吸取了教训，重组了他投资的公司——伯克希尔－哈撒韦公司、多元零售公司和蓝筹印花公司。他将韦斯科金融公司并入蓝筹印花公司，并将多元零售公司与伯克希尔－哈撒韦公司合并。伯克希尔－哈撒韦公司持有蓝筹印花公司的多数股权。芒格凭借他在多元零售公司的股份获得了伯克希尔－哈撒韦公司股份的2%，并被任命为伯克希尔－哈撒韦公司的副董事长。芒格依然居住在洛杉矶。[64]

在购买韦斯科金融公司股份的同时，巴菲特还逐步购买了《华盛顿邮报》的优先股。当巴菲特获得《华盛顿邮报》12%的股份时，他在午餐时会见了《华盛顿邮报》的接管人——时任总裁凯瑟琳·格雷厄姆。"我看得出她很忌惮我，尽管她持有公司所有的普通股。"[65]那天下午，巴菲特向凯瑟琳·格雷厄姆保证，未经她的同意，他不会再购买《华盛顿邮报》的股票。巴菲特赢得了凯瑟琳·格雷厄姆的信任，后来甚至与她成了好朋友。

1974 年秋，他被任命为《华盛顿邮报》的董事。在凯瑟琳·格雷厄姆经营业务期间（1971—1993），《华盛顿邮报》公司实现了 22.3% 的年化复合增长率，超过了标准普尔指数。[66]

20 世纪 70 年代初，政府雇员保险公司陷入亏损，股价从 1972 年的 61 美元跌至 1976 年的 2 美元。巴菲特喜欢投资保险行业，尽管存在危机，他依然信任政府雇员保险公司的无代理人商业模式，因此，他选择继续持有这项投资。他相信政府雇员保险公司的新任首席执行官约翰·伯恩能够带领公司实现成功改革。"伯恩就像一位养鸡场的老板，他把鸵鸟蛋放进鸡舍，然后对母鸡说：'女士们，这就是竞争。'"[67] 从 1976 年到 1980 年，伯克希尔 – 哈撒韦公司总计向政府雇员保险公司投资了 4 700 万美元。1980 年，这笔投资的价值增长至 1.05 亿美元。[68]

与工作领域相比，在个人生活中，巴菲特的经历没有那么尽如人意。夫妇二人的关系渐行渐远，苏珊搬到了旧金山。巴菲特对这种情况不知所措，他在和苏珊长时间的电话中表达了这一点。他对姐姐多丽丝说："25 年来，苏珊一直是我心中的阳光和雨露。"[69] 分居后，苏珊让她的朋友阿斯特丽德·门克斯照顾巴菲特。1978 年 5 月，阿斯特丽德与巴菲特开始了同居生活。然而，巴菲特并未与苏珊离婚，而是保持了这样的关系。在公开露面时，他的妻子苏珊仍然在他身边。

在 20 世纪 70 年代后期，巴菲特持续收获壮观的投资业绩。其中之一是收购《布法罗晚报》。《布法罗晚报》首先将出售消息提供给了《华盛顿邮报》的凯瑟琳·格雷厄姆。凯瑟琳·格雷厄姆拒绝了这个提议，但是巴菲特和芒格同意收购。他们以 3 550 万美元的价格通过蓝筹印花公司购买了《布法罗晚报》。然而，当巴菲特推出《布法罗晚报》免费周日版后，当地的竞争对手《信使快报》起诉了《布法罗晚报》。《信使快报》指责《布法罗晚报》想要建立非法垄断。经过漫长的诉讼过程和罢工活动，《布法罗晚报》损失惨重。然而，《信使快报》也出现亏损，于 1982 年停刊。在随后的 5 年中，《布法罗晚报》获得了总计超过 1.5 亿美元的巨额利润。[70]

1983 年，巴菲特收购了北美最大的家具零售商内布拉斯加家具城。该公司由俄罗斯移民罗斯·布鲁姆金于 1937 年创立。她在早期就实践了薄利多销的折扣销售策略，非常成功。巴菲特早在 20 世纪 60 年代就对布鲁姆金夫人的家具城表现出了兴趣，1983 年，当巴菲特听说该公司即将被出售时，他毫不犹豫，马上出手。协商后，双方同意以 5 500 万美元收购 90% 股份的条件成交。巴菲特说："布鲁姆金夫人，我想告诉您一件事，今天是我的生日。"布鲁姆金夫人回应："恭喜您，您在生日这天买到了一口油井。"[71] 当时 89 岁的布鲁姆金夫人说得没错。经过盘点，伯克希尔－哈撒韦公司的财务人员得出结论：该家具城的总价值为 8 500 万美元。和以往的收购一样，巴菲特选择将内布拉斯加家具城的管理权交给原来的所有者布鲁姆金家族。同一时期，巴菲特收购了总部位于奥马哈的波仙珠宝店，这家珠宝店也由布鲁姆金家族的一名成员负责经营。

伯克希尔－哈撒韦公司的股东至今仍然从公司对内布拉斯加家具城和波仙珠宝店的两次投资中受益。如果你正在持有，或计划购买伯克希尔－哈撒韦公司的股票，并希望参加在奥马哈举行的年度股东大会，这里有一个内部提示：在年度股东大会（传统上在 5 月的第一个星期六举行）前夕，会有一个伯克希尔股东的独家派对在波仙珠宝店举办。股东可以享受丰厚的购物折扣。沃伦·巴菲特通常还会亲自推销珠宝，让收银台前热闹非凡。在星期六的年度股东大会之后，还会有一场伯克希尔野餐会在内布拉斯加家具城举行。

值得一提的是，伯克希尔－哈撒韦公司 B 股持有者也可以出席年度股东大会，而且亮点是，每位股东还可以带三个人共同赴会。

1987 年，在华尔街的投资银行所罗门兄弟公司受到金融投资者的恶意收购威胁时，巴菲特应公司总裁约翰·古特弗伦德的请求，投资 7 亿美元，购买所罗门兄弟公司的优先股。多年前，在巴菲特的政府雇员保险公司陷入困境时，古特弗伦德曾向巴菲特伸出援手。此时，巴菲特刚刚在股市繁荣时期卖出了大部分股票，拥有大量资金，而由于市场整体价格偏高，也没有其他股票值得购买。对所罗门兄弟公司几乎无风险的投资使巴菲特获得了 15% 的回报。[72]

在进行这笔交易之前，他在 1982 年将蓝筹印花公司并入伯克希尔 – 哈撒韦公司。20 世纪 80 年代后期，伯克希尔 – 哈撒韦公司尽管已经进入《财富》500 强榜单，但是公司员工也只有 11 人。[73]

1985 年，巴菲特参与了迄今为止最大的媒体并购案。他的朋友、媒体巨头大都市公司的总裁汤姆·墨菲邀请巴菲特参与收购美国广播公司。巴菲特对美国广播公司非常感兴趣，甚至为此放弃了《华盛顿邮报》的董事会席位。这一举措很有必要，因为美国联邦通信委员会意识到这两家公司的利益冲突。[74]巴菲特以 5.175 亿美元购买了大都会公司的 300 万股股票，相当于 15% 的股份。该公司当时的股价为每股 203 美元。对价值投资者来说，这相当于只有 15% 的安全边际。"我怀疑本（本杰明·格雷厄姆）是否会因为这次投资为我叫好。"巴菲特开玩笑地说。[75]然而，巴菲特相信大都会公司总裁汤姆·墨菲的能力。"如果不是墨菲，我就不会投资大都会公司。"巴菲特说。[76]

1986 年，伯克希尔 - 哈撒韦公司以 3.152 亿美元的价格收购了位于俄亥俄州韦斯特莱克的斯科特 - 费兹公司。它是一家综合性集团，在建筑、出版和金融等领域从事产品的生产和销售。收购这家公司很划算，因为它的现金储备量很高，并且在随后的几年中利润稳步增长。这次收购在几年后就收回了成本。[77]

1987 年，美国股市遭遇大崩盘，老牌公司的股票价格大幅下跌。因此，巴菲特决定出手购买可口可乐公司的股份。起初，他的购买行动一直保持着秘密进行，以避免跟风者推高可口可乐公司的股价。在 1989 年 2 月 28 日致股东的信中，他才向公众宣布，他在 1988 年购买了超过 1 400 万股可口可乐股票。[78] 可口可乐股票的价格从价值投资理论的角度来看并不是特别有吸引力。当时，可口可乐的市销率仅为 5，市盈率为 15。巴菲特用一个比喻向他的股东解释了这次购买的原因："我们做个假设，假设你即将离开股市 10 年，在此之前，你可以进行一项投资，但在你离开股市的 10 年中，你将无法改变任何事情。你会如何决策？我在选择投资标的时，就会进行这样的假设。如果我确信，这个行业正在不断增长，这家企业是行业龙头，且将在全世界范围内继续保持领导者地位，并且我知道，它的销售数据一直在强劲增长，那么我会认为，没有比可口可乐更好的投资标的了。我可以相对肯定地说，当我 10 年后回归股市时，这家公司的销售额会比现在高很多。"[79]

"奥马哈先知"有时也会出错，这件事在1989年年底被证实了。当时美国股市正处于牛市，换句话说，股价普遍很高。巴菲特在很长一段时间内一直犹豫是否要进行投资。然而，随着他的资金越来越多，他终于忍不住选择了出手。"我不得不承认，对参与市场的强烈渴望控制了我，尤其是当你有一段时间什么事儿都没做的时候，心里就格外痒痒。"[80]巴菲特投资了总计13亿美元的可转债，这些可转债分别来自剃须护理品牌吉列、美国航空公司和造纸商冠军。除了吉列，其他几项投资都以失败告终。巴菲特在致股东的信中对这个错误进行了反思："并没有人逼我这样做。用网球术语来说，我犯了一个非受迫性失误。"[81]

实用建议 | 巴菲特致股东的信

在每年的股东大会召开前不久，巴菲特会向伯克希尔－哈撒韦公司的股东们发布一封被奉为投资经典的"致股东的信"。在信中，他用平实的语言总结过去一年公司的财务情况，向股东解释自己的投资决定，并且深入介绍伯克希尔－哈撒韦公司的投资组合和发展规划。

历年巴菲特致股东的信均可在伯克希尔－哈撒韦公司的官网查询，非股东也可以免费查阅。

巴菲特对富国银行的投资似乎也演变为了"非受迫性失误"。1990年，巴菲特购买了这家旧金山银行业巨头10%的股份，当时富国银行因为房地产危机正处于困境，市盈率仅为5。巴菲特相信富国银行的未来是光明的，因为他知道董事长卡尔·理查德不仅是一位出色的商人，还是压缩成本的高手。尽管房地产危机持续的时间比预期的长，富国银行在经历了一年的危机后也恢复了过来。房地产危机结束后，富国银行的股价上涨了3.5倍，巴菲特的这项投资终于得到了回报。[82]

1990年，巴菲特可以说扮演了华尔街投资银行所罗门兄弟公司的救世主。由于员工的欺诈行为（违反美国财政部的竞拍规则）和高级交易员过高的个人奖金，所罗门兄弟公司深陷诸多危机。美国证券交易委员会和美国司法部对此展开了调查，并宣布撤销其作为政府债券一级交易商的许可证，全面限制所罗门兄弟公司的竞购权。经过与美国证券交易委员会、美联储艰难的谈判，巴菲特成功挽救了所罗门兄弟公司，并出任临时董事长。人们今天仍然记得这段往事，在每次伯克希尔－哈撒韦公司年度股东大会正式开始前，股东们会观看一部公司的介绍短片，在这部短片里，人们就会看到当年巴菲特在面对所罗门兄弟公司的危机时令人印象深刻的强悍举措。

美国政府同意保留所罗门兄弟公司的竞购权，不对其采取法律制裁。然而，该公司不得不缴纳 1.9 亿美元的罚款，并追加 1 亿美元的赔偿金。1992 年春天，所罗门兄弟公司逐渐好转，股价开始回升，巴菲特辞去了所罗门兄弟公司的临时董事长职务，回归奥马哈。这次拯救行动让巴菲特精疲力竭，但同时也让他名气飙升，这对伯克希尔－哈撒韦公司的股价产生了积极影响：[83]1992 年 6 月，伯克希尔－哈撒韦公司的股价是每股 9 100 美元，1993 年夏天，股价已经涨到了每股 17 800 美元。[84]

1992 年年初，巴菲特买入了一家陷入困境的美国国防公司——通用动力公司的 430 万股股票。"直到去年夏天这家公司宣布将回购其约 30% 的股份之前，我几乎没有怎么关注过它。我最初认为，这是一个套利的机会，但后来，当我了解了这家公司，并见识了首席执行官比尔·安德斯在短期内取得的成就后，我大吃一惊。"巴菲特的高度评价是正确的。比尔·安德斯成功扭转了公司的困境，并向他的股东发放了高额股息。巴菲特对通用动力公司的投资在 18 个月内实现了 116% 的回报率。[85]

1994 年，巴菲特以 23 亿美元的价格收购了政府雇员保险公司剩余的 52% 的股份。1995 年，迪士尼收购了已更名为大都会美国广播公司的大都会公司，巴菲特将大都会的股票全部转为迪士尼的股票，并额外购买了一些迪士尼的股票。从 1997 年开始，巴菲特陆续减持迪士尼的股份，直到 1999 年全部清仓。伯克希尔－哈撒韦公司对迪士尼的总投资收益约 20 亿美元，大约是巴菲特之前为这些股份付出的投资成本的 4 倍。

1996 年，巴菲特在一份新闻稿中宣布，他计划推出伯克希尔－哈撒韦公司的优先股。[86] 优先股也称 B 股，伯克希尔－哈撒韦公司的 B 股价格为 A 股价格的 1/30，B 股持有者只拥有有限投票权。巴菲特希望通过发行 B 股，让资本规模较小的投资者也能分享伯克希尔－哈撒韦公司的成功。伯克希尔－哈撒韦公司 B 股的发行量很大。[87]

1998 年对巴菲特来说是疯狂收购的一年。春天，他收购了冰激凌和快餐连锁店冰雪皇后（DQ）。冰雪皇后在 22 个国家和地区拥有近 6 000 家连锁店，是世界上最大的快餐公司之一。伯克希尔－哈撒韦公司为收购冰雪皇后支付了约 5.9 亿美元。同年，伯克希尔-哈撒韦公司以 7.25 亿美元的价格收购了私人飞机租赁公司奈特捷。尤其吸引巴菲特的是奈特捷当时的市场领导地位（并且今天仍然如此）。然而，对这几家公司的收购都称不上是这一年最大的交易。巴菲特向总部位于康涅狄格州斯坦福德的通用再保险公司投资了 220 亿美元。这笔交易的特殊之处在于，巴菲特完全是用伯克希尔-哈撒韦公司的股票进行支付的。在购买当天，伯克希尔-哈撒韦公司的 A 股价格达到了历史最高水平——每股 80 900 美元。这些对巴菲特来说仍然不够。10 月，他以 20 亿美元的价格（同时接手 70 亿美元负债）收购了位于得梅因的中美能源控股公司 75% 的股份，该公司距离奥马哈仅 200 多公里。[88]

在可口可乐的股价在千禧年末崩盘后，因为持有可口可乐 8% 的股份，伯克希尔-哈撒韦公司的股价也出现了大跌。作为可口可乐公司的董事会成员，巴菲特多年来持续买入了越来越多的可口可乐股票。当法国和比利时传出可口可乐产品导致多名儿童中毒的新闻时，可口可乐新上任的掌门人道格拉斯·艾维斯特起初没有任何回应，后来也只是敷衍了事地进行了道歉。这让可口可乐，尤其是董事会成员沃伦·巴菲特成为媒体抨击的对象。艾维斯特在辞职时获得了创纪录的 1.15 亿美元赔偿金，这个消息被曝光后，巴菲特的声誉进一步受到质疑。当被问及作为一名公众人物，他是否能应对越来越多的对自己的批评时，巴菲特回答说："不，这从来没有变得更容易。它仍然像开始时一样痛苦。"[89] 这些指控对巴菲特来说是一个沉重的打击，因为他一直非常在乎自己多年来积累的良好声誉，并将其视为自己的商业准则。他曾说："建立声誉需要 20 年，而失去声誉仅需要 5 分钟。如果你能记住这一点，你的行为就会不同。"

当新世纪伊始，互联网泡沫破灭时，股市大崩盘，纳斯达克指数在短时间内下跌超过 50%。由于巴菲特基本上不投资他不了解的领域，因此他并没有持有互联网公司的股票。[90]

互联网泡沫破灭后，投资环境得到改善，伯克希尔－哈撒韦公司拥有充足的现金储备，因此巴菲特开始进行大规模投资。2000 年，他收购了来自华盛顿西雅图的珠宝连锁店 Ben Bridge，以及来自新泽西蒙特维尔的油漆制造商本杰明摩尔涂料。2002 年，他以 8.35 亿美元的价格收购了位于肯塔基州鲍灵格林的内衣品牌鲜果布衣，并开玩笑地说："我们为大众的臀部提供服装。"顺便说一句，这个小玩笑后来变成了现实：近几年，伯克希尔－哈撒韦公司的股东们可以在年度股东大会上购买印有巴菲特和芒格形象图案的鲜果布衣内衣。

同年，巴菲特收购了童装生产厂商加兰和厨具直销公司帕米拉厨师。通过伯克希尔－哈撒韦公司的子公司中美能源控股，巴菲特斥资 10 亿美元收购了克恩河天然气管道公司、来自明尼苏达州明尼阿波利斯的房地产经纪公司美国家政服务公司，以及国际能源供应商卡尔能源。[91]2003 年年初，伯克希尔－哈撒韦公司收购了来自田纳西州玛丽维尔的移动房屋建造商克莱顿家园。

2004 年，伯克希尔－哈撒韦公司在《福布斯》全球 2 000 强中排名第 14 位。当时，总公司与旗下子公司的员工总计 17.2 万人，年销售额 562.2 亿美元，利润 69.5 亿美元。[92]

2004 年 7 月 29 日，巴菲特遭受沉重打击。他的妻子苏珊因癌症去世。沃伦非常难过，尽管他已经与苏珊分居了几十年。

无论过去还是现在，巴菲特一直是一个非常节俭的人，这当然也是他能够拥有如此多财富的原因之一。因此，他在 2006 年 6 月 26 日宣布的消息显得格外令人惊讶，他宣布将在接下来的几年里陆续将伯克希尔－哈撒韦公司 85% 的股份（当时价值 370 亿美元）捐赠给慈善基金会，以盖茨基金会为主。"我很清楚，比尔·盖茨有出色的头脑和正确的目标，他以极大的热情专注于改善全世界人类的命运，不分性别、宗教信仰、肤色和种族。他尽力为大多数人做最好的慈善。所以我不难决定这笔钱应该捐赠给哪里。"巴菲特在 2006 年 8 月 30 日低调再婚，在女儿苏茜的家中，他与伴侣阿斯特丽德·门克斯举行了婚礼。

即使在决定陆续捐赠他的股票之后，巴菲特作为一名投资者，仍然活跃在投资领域。2006 年 5 月，巴菲特收购了以色列刀具制造商伊斯卡。这是他第一次收购海外公司，尽管他之前买入过美国境外公司（比如吉尼斯、中国石油）的股份，但在此之前，他还没有完整收购过任何一家海外公司。[93] 2007 年，巴菲特还收购了来自罗得岛州林肯市的高级珠宝制造商里奇兰集团 [94] 以及来自得克萨斯州沃思堡的电子零部件分销商创科实业。[95]

2008 年年初，道琼斯工业平均指数直线下跌。同年 3 月，投资银行贝尔斯登面临破产。但与所罗门兄弟公司当初的危机不同，美联储选择出手援助，为贝尔斯登 300 亿美元的债务提供担保。国有抵押贷款银行房利美和房地美也在 2008 年获得了 1 870 亿美元的援助贷款。然而即使这样，也无法阻止房地产泡沫的破灭。2008 年 9 月 15 日，投资银行雷曼兄弟破产，随后被分拆。次日，美联储宣布向陷入困境的美国国际集团提供 850 亿美元的紧急援助。全球金融市场陷入恐慌。

巴菲特的信条是："在别人贪婪时恐惧，在别人恐惧时贪婪。"[96] 巴菲特开始出手了。他以特别便宜的价格从陷入困境的投资银行高盛那里买入 50 亿美元的优先股。"这笔交易非常成功，一周后或一周前都不可能有这个价格。"[97] 几天后，巴菲特与通用电气公司又达成了一项同样非常划算的交易。他买入了 60 亿美元通用电气的认股权证和优先股。为什么巴菲特能够抓住这么好的机会？一方面，很少有其他投资者拥有如此多的现金。另一方面，高盛及其他公司都认为，在金融市场上被巴菲特投资就如同获得了一种荣誉。然而，许多投资者模仿这位传奇投资人，在同一时期买入了价格正在下跌的股票，却反而让自己的情况变得更糟。巴菲特可以在金融危机时期做得这么好，不仅因为他有勇气在低迷的市场环境中投资，还因为他有大量资本，而且能得到尤其有吸引力的购买条件。

巴菲特通过伯克希尔 – 哈撒韦公司的子公司中美能源控股公司以远低于市场价值的价格收购了美国联合能源公司。然而，由于法国电力公司后期提供了一个高得多的报价，对方最终决定更换买家。中美能源控股公司因为收购取消获得了 11 亿美元的赔偿金。

巴菲特还收购了来自伊利诺伊州芝加哥市的马蒙控股公司，该公司的核心业务包括制造和租赁油罐车和铁路货车。[98]2009 年，巴菲特开始购买伯灵顿北方圣达菲铁路公司的股份。在接下来的几年里，他将持股份额增加到了 20%。[99]

此外，巴菲特增持了康菲石油和 NRG 能源公司的股份 [100]，并向箭牌糖果有限公司投资 65 亿美元，向瑞士再保险公司投资 27 亿美元。2009年，他又向陶氏化学公司投资了 30 亿美元。[101]尽管伯克希尔 – 哈撒韦公司的股价受到了金融危机的影响，但它的基本面数据依然保持健康。[102]
正如巴菲特所说"现金与勇气在危机中是无价的"，
正因为手中持有大量现金，股市低迷期间，他可以
在发现具有巨大投资价值的企业时果断出手。[103]
2008 年，巴菲特首次在《福布斯》全球亿万富翁
榜上成为世界首富。[104]

　　2009 年年底，巴菲特以 440 亿美元买下了伯
灵顿北方圣达菲铁路公司的剩余股份。2010 年 10
月，巴菲特罕见地进行了一项海外投资。他收购了
全球最大的再保险公司——德国慕尼黑再保险公司
12% 的股份。但 5 年后，他卖掉了这些股票。2011
年年初，巴菲特第一次投资科技股。他投入了约
110 亿美元购买 IBM（国际商业机器公司）的股票。
乍一看，巴菲特的投资行为似乎透露出他的投资理
念发生了突破，实际上却没有根本性变化。在巴菲
特投资的时候，IBM 已经有 100 多年的发展历史
了，而且 IBM 的计算机技术在当时也已经研发了
几十年。（几年后，巴菲特再次出售了部分 IBM 股

份，因为他对公司的发展状况不是完全满意。）同年，巴菲特带领伯克希尔－哈撒韦公司以近 100 亿美元的价格收购了总部位于俄亥俄州威克利夫的全球特种化工公司路博润。

2013 年年初，伯克希尔－哈撒韦公司与巴西私募巨头 3G 资本以总计 90 亿美元的价格联手收购了美国传统番茄酱制造商亨氏集团的普通股。巴菲特还斥资 80 亿美元购入该集团的优先股，年回报率为 9%。同年，伯克希尔－哈撒韦公司的子公司中美能源控股公司以 56 亿美元的价格收购了位于内华达州拉斯韦加斯的电力和天然气公用事业公司内华达能源公司。[105]

2014 年，伯克希尔－哈撒韦公司以 30 亿美元的价格从宝洁公司手中收购了电池制造商金霸王。巴菲特还向世界领先的农业机械制造商约翰迪尔投资了 12 亿美元。

在 2016 年致股东的信中，巴菲特明确表示，伯克希尔－哈撒韦公司已经转移了业务重心。直到 20 世纪 90 年代初，巴菲特的投资重点一直是上市公司的股票。之后，他越来越专注于接管整个公司。例如政府雇员保险公司、内华达能源公司、中美能源控股公司和伯灵顿北方圣达菲铁路公司等。[106]

巴菲特也放下了对科技股价值的担忧。继 2011 年买入 IBM 的股票后，2016 年，他斥资 67 亿美元买入苹果公司的股票。[107]之后几年中，巴菲特继续增持苹果股票，累计投入 310 亿美元。2021 年年底，这些股票增值到 1 600 亿美元以上，账面盈利增长 1 300 亿美元，5 年累计涨幅超过 4 倍。

总结：
超过 50 年的不败战绩

在过去的 52 年里，伯克希尔－哈撒韦公司的股价从每股 19 美元上涨到每股 172 108 美元，年均回报率为 19%。[108] 股价的迅速增长使巴菲特成为亿万富翁，许多早期股东因此成了百万富翁，许多后期投资的股东的资本也增加了两到三倍。这就是巴菲特在投资领域地位如此崇高的原因，他长久以来获得的成功和收益是全世界独一无二的。巴菲特的选股策略在过去 50 多年里非常管用，但并不能确保在接下来的 50 年继续有效，为什么？要回答这个问题，我们需要花时间盘点一下巴菲特的投资业绩，总结他的投资理念精髓。

第二部分

沃伦·巴菲特的
投资业绩

"传奇投资人"这个词在一些媒体中几乎被过度使用了。但毫无疑问，沃伦·巴菲特是绝对配得上这个称呼的人。他的成功纪录是独一无二的。在50多年的超长时期内，伯克希尔－哈撒韦公司的增长速度超过标准普尔500指数近100%（伯克希尔－哈撒韦公司每股账面价值的复合年平均增长率是19.1%，而标准普尔500指数的复合年平均增长率是9.9%）。

让我们看看伯克希尔－哈撒韦公司成立以来的业绩数据。巴菲特更喜欢将账面价值作为决定性变量，因为股票价格可能受到市场情绪的影响，而账面价值可以显示出公司"真正的"内在价值。表2是1965年到2017年伯克希尔－哈撒韦公司的每股账面价值增长率与标准普尔500指数增长率的对比。

表2　伯克希尔－哈撒韦公司的每股账面价值增长率与标准普尔500指数增长率的对比（1965—2017）

年份	伯克希尔－哈撒韦公司每股账面价值增长率（%）	标准普尔500指数增长率（含股息，%）	相对增长率（%）
1965	+23.8	+10.0	+13.8
1966	+20.3	−11.7	+32.0
1967	+11.0	+30.9	−19.9
1968	+19.0	+11.0	+8.0
1969	+16.2	−8.4	+24.6
1970	+12.0	+3.9	+8.1
1971	+16.4	+14.6	+1.8
1972	+21.7	+18.9	+2.8
1973	+4.7	−14.8	+19.5
1974	+5.5	−26.4	+31.9
1975	+21.9	+37.2	−15.3
1976	+59.3	+23.6	+35.7
1977	+31.9	−7.4	+39.3
1978	+24.0	+6.4	+17.6

年份	伯克希尔 – 哈撒韦公司每股账面价值增长率（%）	标准普尔 500 指数增长率（含股息，%）	相对增长率（%）
1979	+35.7	+18.2	+17.5
1980	+19.3	+32.3	−13.0
1981	+31.4	−5.0	+36.4
1982	+40.0	+21.4	+18.6
1983	+32.3	+22.4	+9.9
1984	+13.6	+6.1	+7.5
1985	+48.2	+31.6	+16.6
1986	+26.1	+18.6	+7.5
1987	+19.5	+5.1	+14.4
1988	+20.1	+16.6	+3.5
1989	+44.4	+31.7	+12.7
1990	+7.4	−3.1	+10.5
1991	+39.6	+30.5	+9.1
1992	+20.3	+7.6	+12.7
1993	+14.3	+10.1	+4.2
1994	+13.9	+1.3	+12.6
1995	+43.1	+37.6	+5.5
1996	+31.8	+23.0	+8.8
1997	+34.1	+33.4	+0.7
1998	+48.3	+28.6	+19.7
1999	+0.5	+21.0	−20.5
2000	+6.5	−9.1	+15.6

第二部分　沃伦·巴菲特的投资业绩

年份	伯克希尔－哈撒韦公司每股账面价值增长率（%）	标准普尔500指数增长率（含股息，%）	相对增长率（%）
2001	−6.2	−11.9	+5.7
2002	+10.0	−22.1	+32.1
2003	+21.0	+28.7	−7.7
2004	+10.5	+10.9	−0.4
2005	+6.4	+4.9	+1.5
2006	+18.4	+15.8	+2.6
2007	+11.0	+5.5	+5.5
2008	−9.6	−37.0	+27.4
2009	+19.8	+26.5	−6.7
2010	+13.0	+15.1	−2.1
2011	+4.6	+2.1	+2.5
2012	+14.4	+16.0	−1.6
2013	+18.2	+32.4	−14.2
2014	+8.3	+13.7	−5.4
2015	+6.4	+1.4	+5.0
2016	+10.7	+12.0	−1.3
2017	+23.0	+21.8	+1.2
年平均增长率	+19.1	+9.9	+9.2

从数据中，我们可以得出令人印象深刻的结论：巴菲特在53年的投资生涯中，41年的业绩都

击败了标准普尔 500 指数。巴菲特的成功在很大程度上是由于遵循了"永不亏损"的原则。巴菲特常常被人引用的一句话是："投资的第一条准则是永远不要亏钱！第二条准则是永远不要忘记第一条！"这是巴菲特选择股票的重要原则。仅有两年（2001 年和 2008 年），伯克希尔 - 哈撒韦公司的每股账面价值有所下降。而那两年正值股市崩盘时期，一般股票的损失要比伯克希尔 - 哈撒韦大得多。

总体而言，在令人难以置信的长达 53 年的时间内，伯克希尔 - 哈撒韦公司的每股账面价值平均每年增长 19.1%。在这段时期，标准普尔 500 指数"仅"实现了 9.9% 的年平均增长率。

这些业绩数据表明，在如此长的时期内获得如此高的利润增长并非巧合。长期来看，沃伦·巴菲特的价值投资策略能够跑赢市场，并且风险可控。

你现在可以得出结论：最好的办法就是搭顺风车，将所有的本金都投资于伯克希尔 - 哈撒韦公司的股票，从而以一种节省时间、简单且低成本的方式复制巴菲特的投资策略。

然而，这种投资方法存在一个问题：伯克希尔－哈撒韦公司如今的规模非常庞大，由于基数效应，两位数的回报率对它来说越来越困难。也就是说，如果将 1 000 亿美元投资于伯克希尔－哈撒韦公司的股票，那么每年获得 $10\% + X$ 的回报率几乎是不可能的。如果你"仅有"1 亿美元或 10 万美元的资金，那么对于像巴菲特这样优秀的价值投资者来说，找到其他可以带来两位数回报率的、真正高价值的公司并不太难。

因此，我们现在可以暂时得出一个结论：伯克希尔－哈撒韦公司的股票对每个价值投资策略的追随者来说都是一项稳定且优质的基础投资。（你还可以因此获得参加伯克希尔－哈撒韦公司年度股东大会的入场券！）然而，由于规模庞大，伯克希尔－哈撒韦公司将很难实现早年间的超高回报。如果你想获得更高的回报，你必须独立寻找优质公司，并在股价便宜时果断买入，对资产规模较小的投资者来说，伯克希尔－哈撒韦公司的股票并不是最优选择。因此，我们推荐你仔细阅读下一部分，深入了解巴菲特采用的投资策略，以及他使用哪些标准来筛选公司和股票。

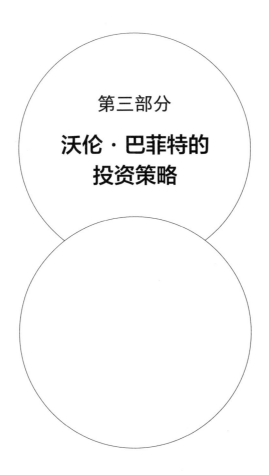

第三部分

沃伦·巴菲特的
投资策略

沃伦·巴菲特以从不提供选股建议而闻名，这点与他的导师本杰明·格雷厄姆不同。巴菲特会定期发布致股东的信。在这些信中，他用普通人都能理解的语言总结公司一年的投资进展，并解释自己的投资方法以及背后的战略逻辑。

在接下来的内容中，你将了解巴菲特的投资策略，他在60多年的投资生涯中如何调整和优化这些策略，以及他发表过的主要投资观点。

抽上最后一口

——烟蒂投资策略

就像在大街上发现的一个只能再抽一口的烟蒂，看起来可能并没有多少价值，然而，购买这种便宜的烟蒂型公司正是通往成功的投资方法。[109]

巴菲特在格雷厄姆－纽曼公司为他的导师格雷厄姆工作期间，就已经掌握了烟蒂投资策略，而且在他独立投资的早期，即 1957 年至 1970 年前后的合伙公司时期，他也使用过这种策略。

巴菲特买入烟蒂型公司的例子有美国国家火灾保险公司、风车制造商邓普斯特农具机械制造公司、霍希尔德－科恩百货公司以及后来的伯克希尔－哈撒韦纺织公司。巴菲特以非常便宜的价格买下了这些公司，买入价格比它们的账面价值低很多。通过前两次收购案例，他获得了高额利润，但是当他在邓普斯特艰难的整顿阶段想要将手中的股票快速脱手时，他的声誉却受到了损害。对于霍希尔德－科恩公司，他也很庆幸可以在 3 年后将其卖出，"尽管卖出价格与我的买入价格差不多"。[110]

巴菲特把按照烟蒂投资策略购买纺织公司伯克希尔－哈撒韦描述为一个错误的决策："尽管我知道纺织行业没有什么前景，由于价格很便宜，我依然很想购买。事实证明，以这种策略购买股票，在早年确实可以获得收益，但 1965 年之后，我开始慢慢意识到这种策略并不是最好的策略了。"[111]

巴菲特最终得出结论，烟蒂投资策略不再是最佳选择。巴菲特在 1990 年 3 月 2 日致股东的信中说："除非你是一名价值清算师，否则以这种方法购买公司是不明智的。"

烟蒂投资策略，即购买一家濒临破产的公司的股票，其股票价格大幅低于净资产甚至净运营资产。这种方法也被视为一种"价值投机"。巴菲特曾多次因为投资烟蒂型公司而"烧伤自己的手指"，他建议今天的投资者不要这样做。

在 20 世纪 40 年代和 50 年代，当互联网尚未如此发达，股票市场行情信息没有像今天这样公开时，烟蒂投资策略在某些情况下可能非常有效。但在资本市场日趋成熟的今天，这种方法已经不再适应现实情况，或者说只适合具备高风险承受能力的投机者。如果你发现了一家烟蒂型公司，那么你应该先问问自己，你是否真的具有信息优势。例如，它可能是你所在地区的一家小型上市公司，或者来自一个非常细分的行业，你可以特别好地进行评估和分析。然而现实是，在 100 个案例中，有 99 个案例的投资者不具备这样的信息优势。那么我们的建议是：远离这样的公司。

将基本面指标作为决策标准

——价值投资策略

> 最安全的交易决策大多基于显而易见的
> 量化指标。[112]

巴菲特一直以来都是一位价值投资者。几十年来，他一直巧妙地进行着价值投资，这是他的导师格雷厄姆和多德教给他的，他被认为是世界上最成功的价值投资者。

巴菲特并不是凭空做出投资决定的，他会对计划购买股票的公司进行非常详细的分析。巴菲特的参考资料包括来自评级机构穆迪和标准普尔的股市研究报告，以及他感兴趣的上市公司的年报。他至今仍然会花很多时间分析这些资料。据说，甚至在他的新婚蜜月中，他都会把穆迪的报告和相关图书放在他的汽车后座上。[113]

对巴菲特来说，买入的决定性因素是，这家公司能够展示出很高的价值，且拥有很好的业绩数据。特别是在投资生涯的早期，他认为最重要的指标是公司的账面价值。账面价值是资产和负债之间的差额，换句话说，是用公司的资产减去负债。用公司的账面价值除以公司的流通股数量，就可以得到每股账面价值。如果把一家公司目前的每股股价与每股账面价值联系起来，就会得到我们常说的市净率（P/B）。

市净率 = 每股股价 / 每股账面价值

市净率小于1倍，代表每股账面价值高于每股股价，这通常意味着一只股票在某种程度上值得购买（其他指标也需要综合评估）。然而，账面价值并不能反映公司的无形资产，比如可口可乐公司的品牌价值。此外，账面价值也不包含那些没有在资产负债表上显示的隐藏储备金。

市净率是一个重要的决策指标，但不应该是购买股票的唯一决定因素。像巴菲特这样的价值投资者用来做出购买决定的其他关键指标还包括市现率（P/CF）、市盈率（P/E）、市销率（P/S）和股息率等。

巴菲特在1991年致股东的信中对价值投资的定义如下："通常来说，价值投资意味着购买具有低市盈率、低市净率或高股息率等特征的股票。"然而，在同一封信中，他也明确表示，仅仅基于指标或比率做出的购买决策往往是不够明智的。

巴菲特在决策时，总是将格雷厄姆提出的安全边际考虑在内。巴菲特和芒格"搭建的严谨的评估系统既考虑了公司的基本面指标，又考虑了公司的发展历程。很重要的一点是，为了给错误预留一个缓冲地带，他们只会以比公司的内在价值低至少25%的价格购买资产（这个比例就是他们的安全边际）"。[114]

换句话说，"如果一个投资机会的吸引力只是来自公司的基本面数据，那么巴菲特就不会出手。只有当机会看起来令人难以置信地好，他才会选择投资"。[115]

实用建议｜互联网上的免费投资信息渠道

有关上述财务指标的进一步信息以及如何理解这些指标，你可以在本书的术语表中找到。有关上市公司基本财务数据的信息，你可以在各金融机构的网站以及股票市场的门户网站上找到。

在运用价值投资策略寻找合适的股票时，这些指标可以作为初步的筛选标准。然而，在做出买入决定之前，你应该对照数据的原始来源（上市公司的年度报告）进行检查，因为免费的在线门户网站的数据库可能存在错误。建议你在购买时考虑安全边际，因为"安全边际的功能本质上是对错误判断的风险对冲"。[116]

定量与定性相结合

——巴菲特的现代化价值投资策略

　　我们希望投资这样的公司：（1）我们能够理解它做的业务；（2）具有长期前景；（3）由诚实且有能力的人经营；（4）可以以非常有吸引力的价格买入。[117]

　　如果你找到了合适的好公司（有前景，具备合适的行业条件、合适的管理者等），那么价格就不是问题了。真正的大钱通常是被那些做对了定性决策的投资者赚到的。[118]

　　在他漫长的投资生涯中，巴菲特一直在不断优化他的投资策略。他不断从过往的经历中总结经验教训。例如，他很早就放弃了按照格雷厄姆的方法寻找烟蒂型股票，转而采用更现代化的价值投资策略，即基于公司的财务指标做出购买决策。20 世纪 70 年代中期，巴菲特将原来纯粹的定量的估值方法改良为定量与定性相结合的决策方法。他提出，定性的衡量标准包括投资者对行业的了解、公司的长期前景和管理层的水平。这种投资决策的演化发展主要是受到查理·芒格的影响，查理·芒格在这一时期加入了伯克希尔 – 哈撒韦公司的管理层。

巴菲特在 1977 年致股东的信中列举了收购大都会公司股票的例子，这是一个根据上述 4 个标准进行投资的典型案例。用巴菲特的话说，大都会公司"既有独特的自身优势，管理层又具备出色的管理能力"。[119]

如果你详细分析上述投资标准，就可以理解为什么巴菲特在 1977 年和 1985 年两次买入大都会公司的股票。

1. 了解行业

在了解行业方面，巴菲特在购买大都会公司之前已经表现出对媒体行业的强烈兴趣。例如，巴菲特经常提到，他小时候做报童，很早就接触过媒体行业的工作。此外，他还先后投资过几家出版公司。

2. 长期前景

1977 年，广播电视技术已经是一项成熟的技术，未来前景良好。

3. 管理水平

巴菲特在 20 世纪 70 年代初经由他学生时代的朋友比尔·鲁安的引荐，认识了大都会公司的总裁汤姆·墨菲。1982 年，他在致股东的信中称汤姆·墨菲为"超级明星经理"[120]，在 1985 年致股东的信中，他对墨菲有如下赞美之词："汤姆·墨菲和丹伯克不仅是伟大的职业经理人，他们也是你会希望自己的女儿嫁的那种男人。与他们合作不仅是一种荣誉，也有很多乐趣，相信认识他们的人都会明白这一点。"[121]

4. 有吸引力的股票价格

1977 年，大都会公司的股票价格对投资者来说非常有吸引力，它第二年的股息收益率为 4%，从今天的角度来看，这是一个很不错的数字。

实用建议 | 买入股票前的 4 项功课

公司估值中的定性分析标准在实践中是很难把握的。下文总结了巴菲特所说的这些标准的具体含义，以及你应该如何针对具体的投资项目进行分析。

第一项功课：了解行业。了解一家公司，不一定意味着你要在这家公司或其所处行业工作过。你如果想深入地研究一个行业，通过互联网进行有效的调研就足够了。"在我看来，如果你对一家公司及其产品有过很长时间的了解，那么在对这家公司的评估中，这些信息会很有帮助。"[122] 巴菲特说。巴菲特这样介绍他评估公司的方法："我会出去与这家公司的客户、供应商聊天，有时也与员工交谈。每当我对一个行业感兴趣时，比如煤炭行业，我就会去拜访我知道的每一家煤炭公司。我会问每一位首席执行官：如果你只能买一家同行业公司的股票，那么除了你自己的公司，你会选择哪家，为什么？如果你把这些信息拼凑起来，一段时间后，你就会慢慢了解这个行业。"[123]

　　第二项功课：长期前景。要了解一家公司或其所在行业的长期前景，最好的方法是阅读商业报刊和上市公司的年度报告，你也可以利用互联网进行研究。

　　第三项功课：管理水平。为了评估一家公司

的管理水平，你可以仔细看看这家公司官方网站上管理人员的简历。研究年度报告也可以让你对它的管理水平有初步的了解。我们建议你连续阅读4到5年的年度报告，查看管理层在第一年的未来展望部分列举了哪些目标，而第二年的实际成果是什么。通过这种方法，你可以揭开那些每年都做出承诺，但很少实现这些目标的人的面具。谈到与上市公司管理层的直接接触机会，巴菲特与许多卓越的美国职业经理人都熟识，他当然比小投资者有更明显的优势。

第四项功课：有吸引力的股票价格。你可以利用上文中提到的几项关键指标进行计算，判断一家公司当下的股票价格是否有吸引力。

永远不要投资你不了解的新技术

——反高科技投资策略

我不打算投资那些技术远远超出我的理解范围的行业。我对半导体和集成电路的了解程度就如同我对甲虫交配行为的了解程度一样低。

我需要强调，作为公民，查理和我都欢迎变化：新的想法、新的产品、创新的工艺等都会使人民的生活水平提高，这显然是好事。但作为投资者，我们对一个处于初创期的行业与对征服太空的态度是一致的：我们为这种努力鼓掌，但我们不想一起飞行。[124]

现在大家都知道了，巴菲特长期以来一直避免对新技术进行投资。忠实于"我不喜欢投资我不了解的东西"这一信条，巴菲特没有在半导体和集成电路（即计算机行业）或全球空间技术领域进行过投资布局。尽管他与微软创始人比尔·盖茨一家人关系密切，但迄今为止，他只对微软的股票进行了少量投资。

近年来，巴菲特对新技术领域的抵触已逐渐消失。毕竟，计算机行业已经发展了 50 年，现在个人计算机也已经摆进了巴菲特的办公室。尽管他主要是用个人计算机在线打桥牌，但他对计算机行业已不再感到陌生。

然而，即使在今天，巴菲特也没有对最新的技术进行投资。原因是，通常会有大量公司急于进入新的技术领域，许多新公司的商业模式完全依赖于技术本身。经过一段时间的发展后，市场会自动进行整合，这意味着这些公司中有很大一部分会从市场上消失。因此，对这些公司的投资是具有投机性质的。

在一次演讲中，巴菲特非常形象地解释了他当年为什么不投资新技术（现在巴菲特已经开始尝试进行一些特定领域的技术投资）。"汽车可能是20世纪上半叶最重要的创新，历史上大约有2 000家公司进入汽车行业。但这2 000家汽车制造商中，只有3家存活至今。我们再谈谈20世纪上半叶的另一项伟大创新——飞机。1919年至1939年，全世界约有200家飞机制造商。然而直到几年前，对飞机行业的投资仍然没有赚到钱。"[125]

实用建议｜不要投资仍处于大浪淘沙阶段的新行业

对处在风口上的最新技术的投资是具有投机性质的。许多（部分是刚刚成立的）高科技公司只存活了几年。然而，如果一个投资者抓住了这些"幸存"的高科技公司中的一家，那么他肯定能凭借这家公司赚到很多钱，尽管这或多或少存在偶然成分。然而，对巴菲特来说，这种投资的风险太高了。如果你错过了一只"超级股票"，不要难过。巴菲特说："通过后视镜总是比通过挡风玻璃看得更清楚。"今天，我们当然知道，苹果、谷歌或脸书的早期投资者会拥有很高的收益。但在当年这些人做出投资决策时，市场上存在许多竞争公司。有些人恰好把赌注押在了未来的行业赢家身上，但这可能纯粹出于运气。没有人会记得，许多不成功的竞争者已经消失得无影无踪了。所以，大家绝不能错误地认为新技术行业的赢家很容易识别。著名的视频格式 VHS 和操作软件微软的例子说明，最后占据行业上风的公司往往不是技术能力最强的公司。因此，新技术行业的发展是不可预测的。

过犹不及

——反多元化策略

任何持有很多不同股票的人都属于我所说的"挪亚投资学派"——每种都得有两个。这样的投资者最适合去驾驶方舟。[126]

我无法理解为什么一名投资者要把钱投给一家在他喜欢的列表里排序是第二十位的公司，而不是把钱全部投给他第一喜欢的公司——他最了解的、风险最低的、利润最高的公司。[127]

巴菲特不是多元化投资理论的倡导者，该理论认为分散投资可以将投资风险降到最低。而他认为，投资者应该专注于自己认为价值最佳的公司，遵循"追求经典，避免从众"的格言。将可用资金投资于 10 只最好的股票，比不断寻找，并将可用资金分散到 30 只甚至 50 只股票上要好。

巴菲特将他的股票投资集中在固定范围，而不是全面扩大他的投资组合。他每年都会在致股东的信中公布自己的投资组合，里面通常只包含几只股票，然而，每只股票的持股数量却很高。

实用建议｜专注于几只你可以良好评估的股票

请专注于投资最好的股票。花点儿时间找到前景最好、最有利可图的股票，然后在这些（少数几只）股票中分配你的资本。对个人投资者来说，拥有一个包含 30 只、50 只甚至 100 只不同股票的投资组合意义不大。你如果正在寻找投资组合中不符合标准的标的，那么可以遵循巴菲特的另一条原则："我买入一只股票的标准是基于股市明天收盘后，在未来 5 年内不开盘的假设。"如果你的投资组合中有一只股票不符合这个标准，那么按照巴菲特的说法，它就应该被剔除。

不要贸然投资，如果投资，就进行长期投资

——20 点投资策略

> 如果你想象一生只有一张 20 点的积分卡，每一个财务决策都会用掉一点，那么你会变得非常富有。你要抵制诱惑，不要对这些点数掉以轻心，这样你会做出更好、眼光更长远的决策。[128]

巴菲特在给学生的讲座中就是这样解释他的 20 点投资策略的。根据巴菲特的说法，投资必须仔细考虑。他自己在工作中会花很大一部分时间研究股票市场，阅读股市报刊，以及感兴趣的公司的年报和资产负债表。如果找到了理想的标的，他

就会进行投资。他的传记作者艾丽斯·施罗德说：
"当他给了一家公司积分卡上的一点，这家公司就成了他的一部分，而且这个决定是永久性的。"[129]特别是政府雇员保险公司、大都会公司和《华盛顿邮报》的股票，由于股票的持有时间长，它们被称为沃伦·巴菲特的"永久三杰"。[130]

大多数股票，巴菲特一旦购买，就会持有几年甚至几十年。"我们在买入一只股票后，不会介意市场关闭一两年。"[131]"或者换一种说法，我们认为卖出一只值得信赖的股票就像在妻子变老时抛弃她一样。"[132]巴菲特说。

巴菲特在他长期持有股票的过程中赚了很多钱，他强调："我赚的大部分钱都是坐着等来的。"[133]

实用建议 | 频繁交易会使你口袋空空

确保你的财务决策少而精。专注于你在进行完市场分析后选定的最佳股票并长期持有。

巴菲特的成功秘诀是："我的成功和我不活跃的投资风格有很大关系。大多数投资者无法抵制诱惑，一直在买入和卖出。"股票市场的一句老话在这里非常适用："频繁交易会使你口袋空空！"

投资具有竞争优势的公司

——护城河策略

　　投资的关键是要确定公司具备竞争优势，更重要的是确定优势具有持久性。被广泛、持久的'护城河'所包围的产品或服务会为投资者提供回报。对我来说，最重要的事情是找出公司周围的护城河有多宽。当然，我最喜欢的是一座大城堡，搭配一条里面有食人鱼和鳄鱼的宽阔护城河。[134]

　　巴菲特是一个不喜欢投机性业务的投资者。他更喜欢投资于那些拥有领先、稳定的市场地位的成熟公司。他把这样的公司称为（对竞争者而言）拥有不可逾越的护城河的城堡。它们具有如下特点：

- 相对于竞争对手的竞争优势（例如品牌、专利）。

- 高市场占有率或市场领导地位。

- 抗冲击能力（在经济危机中生存的能力）。

- 定价能力（有能力提高价格而不担心销售量大幅下降）。

- 可靠性（拥有持续稳定的良好业绩）。

- 处理行业监管要求的经验（如医疗集团）。

- 规模效应（例如大型零售连锁店在采购方面有明显的价格优势）。

- 自己的客户网络（如亚马逊、易贝和 Holiday Check 在线酒店预订网站通过其客户评价系统来发展客户网络）。

在几十年的投资生涯中，巴菲特在其投资组合中拥有大量的护城河公司。这些公司包括可口可乐、美国运通、箭牌、苹果、宝洁、穆迪和沃尔玛。

如果你想投资品牌价值高、市场份额大、专利多的护城河公司，那么你通常会在道琼斯工业平均指数、德国 DAX 股票指数等知名指数中发现它们。在股市术语中，这些公司的股票也被称为蓝筹股。选择具有最佳财务指标（如市盈率、市现率或股息率）的股票，从长远来看不会出错。另一个很好的判断方法是：如果一家公司在至少 10 年的时间内，每年都稳定支付或不断上调股息（在危机时期也是如此），那么这表明这家公司的商业模式非常强大。这些具有长期派发股息传统的公司也被称为"股息贵族"。另外，如果一家公司的股息定期减少甚至时而取消，就说明它不适合投资，因为它的商业模式不够稳定。

在正确的时间投资

——反周期策略

> 在他人贪婪时恐惧，在他人恐惧时
> 贪婪。[135]

巴菲特的投资节奏是反周期的。在美国股市非常火热的时期，比如在 20 世纪 70 年代初（所谓摇滚年代）、2000 年的互联网泡沫以及 2007 年的牛市阶段，巴菲特都选择了按兵不动。在这些泡沫破灭后，也就是在市场低迷的时期，他又掀起了自己的名副其实的投资高潮。

实用建议 | 在大众抛售股票或股价低点的时候购买

　　正如生活中经常发生的那样，反其道而行之在股市中通常也是有利的。在股票市场的牛市时期卖出（并获利），之后对市场进行深入观察，并在价格下跌时进行买入操作。

让流动资金帮助你获利

——浮存金策略

> 对于像巴菲特这样的人来说，最好的情况是能够用别人的钱投资并从中获利。[136]

如果观察一下巴菲特主要投资的几个行业，你就会特别注意到保险行业。1967 年，他接管了奥马哈的国民赔偿保险公司 100% 的股权，这是巴菲特投资的第一家保险公司。几年后，他拥有了政府雇员保险公司的控股权，这家汽车保险公司后来成为伯克希尔 – 哈撒韦公司的全资子公司。

保险公司的特殊之处在于，它们以收取保费的形式获得资金，但只有在未来的某个时间点，即发生保险理赔时才会再次（部分）支付。这些浮存金可以由保险公司投资到其他地方。因此，保险公司对投资家巴菲特来说是真正的"现金牛"，它们几乎免费为他提供了投资其他项目所需的资金。

巴菲特还投资了其他拥有浮存金的公司：几家银行，以及折扣礼券公司——蓝筹印花公司。因此，巴菲特能够以非常低的成本获得越来越多的资本。根据他的传记作者艾丽斯·施罗德的说法，巴菲特称这种模式为"资本分配的黄金时代"。[137]

实用建议 | 去找那些有浮存金可供支配的公司

遗憾的是，以投资为目的使用浮存金的权力只属于那些能在保险公司或类似公司中取得控股地位的大投资者。但是，作为一名个人投资者，你可以在证券交易所投资那些利用这种浮存金为自己赚取利润的公司。毫无疑问，符合这一标准的最知名的上市公司是沃伦·巴菲特的投资控股公司伯克希尔－哈撒韦。

要么不要，要么全要

——公司收购策略

在伯克希尔－哈撒韦公司做的所有事情中，查理和我最喜欢的就是收购一家经济状况很好，并且拥有我们喜欢、信任和欣赏的管理层的公司。这样的收购机会并不常有，但我们一直在寻觅。[138]

巴菲特早在 20 世纪 60 年代就开始收购公司。最初是收购相对较小的公司，随着伯克希尔－哈撒韦公司财力的增长，巴菲特和芒格越来越频繁地收购大公司，如 1986 年收购斯科特－费兹公司，1996 年收购冰雪皇后，2002 年收购鲜果布衣，

2010 年收购伯灵顿北方圣达菲铁路公司，2014 年收购金霸王。目前，伯克希尔 – 哈撒韦公司已收购 70 多家独立公司。[139]

总结：

选择股票投资没有错

　　从长远来看，你必须持有股票。社会生产力提高，股票价格也会随之上涨。在这个过程中，你不可能做错什么。[140]

清单

**像沃伦·巴菲特
一样投资**

最后，我们想向你介绍一份简短的投资原则清单。如果你在下一次购买股票之前可以回答这 12 个问题，那么你投资成功的概率应该会大大增加（如果这样，读这本书对你来说就很值了）。

最重要的是，不要太仓促地买入股票，而是要深入分析你想购买股票的公司。特别是要问自己以下问题：

1. 这家公司的基本面数据（如市盈率、市净率、市销率和股息率等）是否有吸引力？

2. 该公司在过去 10 年中的历史发展状态是否稳

定，或者是否存在利润下滑、身陷丑闻等情况？

3. 阅读并比较该公司过去 5 年的年度报告，分析管理层曾经做出的承诺是否兑现？

4. 股价是否有吸引力，在内在价值的基础上是否具有不低于 25% 的安全边际？

5. 你是否了解并熟悉你想投资的行业？你了解这家公司的产品或服务吗？

6. 你是否对管理层产生了积极的印象，例如通过阅读年度报告、股票市场报道或管理层的简历？

7. 商业媒体如何看待这家公司或其所处行业的长期前景？

8. 这家公司经营的产品或服务是否属于对投资者来说存在风险的高科技领域？

9. 你确定该公司 20 年后还会在市场上存在吗？

10. 这家公司是否拥有竞争者无法逾越的护城河，如知名品牌、规模经济、专利、市场领先地位等？

11. 这家公司是否已经是你投资的第 20 家公司

了？从你的最佳公司名单前 10 名中选择一家

增加持股份额是不是更好呢？

12. 现阶段的股市环境如何？你是想在价格普遍

高涨的牛市阶段进行投资，还是愿意等待价

格下跌，然后将资金投到一些精选的股票上？

术语表

股票

一种证明上市股份有限公司股份的有价证券。股票持有人（股东）是上市公司的出资人。通过向股东出售股票，上市公司筹集股权资本。

股票基金

一种由基金经理管理的专门投资于各种股票的基金。股票基金中的股票可以在资本市场上进行交易。除了股票基金，还有房地产基金、养老基金和混合基金等。

股份公司

一种具有独立法人资格的商业公司。股份公司可以将其股本划分为股份。上市股份公司可以在证券交易所登记其股票并出售或回购。

股票期权

在期货交易所交易的股票合同约定权利。股票期权有固定期限。买入期权(看涨期权)和卖出期权(看跌期权)之间存在区别。买入期权约定在期权期限内以特定的价格（行权价）购买特定数量股票的权利。卖出期权与之相反，用于以较少的资本投资在下跌的市场中获利。卖出期权可用于对冲股票投资组合的价格下跌。

股票回购

股份公司购买自己已经发行的股票。在德国，只有在《德国股份公司法》第71条规定的条件下才允许股票回购。股票回购会增加每股股票的价值，因为利润和股息会在未来分配给更少的股票（通常情况下，公司会将回购的股票销毁），这对股东来说是有利的。同时，股票回购将提高公司的股价，减少在外流通的股份，给收购方造成更大的收购难度。

股票分割

一种使高价股票更具吸引力的措施，通过增加股份数量但保持股本不变来实现。股票分割会降低每股价格，这让股票看起来更便宜，对新投资者来说更有吸引力。现有股东持有的股票数量增加，整体价值保持不变。例如，如果股票分割后，股票数量增加 1 倍，那么现有股东的持股数量自动翻倍。

债券

一种具有固定期限的有价证券，收益方式通常为固定收益。发行的债券目的是筹集外部资本。在债券期限结束时，债券发行机构按照债券的面值偿还资金，利息通常每年支付一次。债券的发行主体可以是公司、各级政府、银行等。

套利交易

一种利用股票在时间和（或）空间上的价格差异获取利益的交易形式。例如，如果同一只股票在多家证券交易所交易的价格不同，投资者就可以在一个价格较低的地点买入，并立即在另一个价格较高的地点卖出。然而，随着在线交易的普及和市场透明度的不断提高，套利交易在证券交易中的意义已经越来越小。

资产

即财产。通常情况下，投资者将财产配置为不同的资产类别，如股票、债券、房地产等。

监事会

股份公司的机构之一，其主要职责是对董事会实施监督。监事会由至少 3 名成员组成。监事会成员由股东大会选举产生。

荷兰式拍卖

也称反向拍卖，拍卖的参与者根据卖家设定的起始价格进行降序竞拍。第一个出价者将获得标的。与普通（升序）拍卖相比，这种拍卖方式可以在拍卖开始后迅速成交。这种拍卖方式的名称来源于荷兰花卉交易所。

B 股

1996 年，伯克希尔 – 哈撒韦公司推出了 B 股，也称"宝贝 B 股"（Baby B）。B 股的面值是昂贵的伯克希尔 – 哈撒韦 A 股的 1/30。低成本的 B 股让小投资者可以直接投资于伯克希尔 – 哈撒韦公司，而不是只能通过共同基金进行间接投资。

熊市

股票市场长期低迷的阶段。

行为经济学

一种通过心理学研究来解释市场参与者非理性行为的经济学分支学说。在证券交易中，解释非理性行为的一个很好的例子是本杰明·格雷厄姆塑造的"市场先生"的形象。格雷厄姆用这个形象解释了为什么投资者在某些情况下会出现非理性行为。

伯克希尔－哈撒韦公司

1955年，纺织公司伯克希尔公司和哈撒韦公司合并为伯克希尔－哈撒韦公司。20世纪60年代，沃伦·巴菲特分批购买伯克希尔－哈撒韦公司的股票并成为公司董事。从那时起，伯克希尔－哈撒韦公司开始逐渐从不景气的纺织行业转型，将资金投资于纺织行业之外的其他利润丰厚的公司。1985年，伯克希尔－哈撒韦公司的最后一家纺织厂关闭。从此，伯克希尔－哈撒韦公司在沃伦·巴菲特和他的搭档查理·芒格的领导下转型成为一家纯粹的投资控股公司。

贝塔系数

一个以整体市场作为参照的股价波动情况的度量单位。贝塔系数值为 1 的股票价格波动情况与市场平均水平相同。贝塔系数高于 1 则意味着股价波动超过平均水平或显示出高于平均水平的波动性。一只股票的贝塔系数值越高，该股票的风险性越大。

资产负债表

在企业管理中，资产负债表被视为一家公司在某一特定时间点（资产负债表日）的资产和负债的比较方式。资产负债表的资产栏提供资产构成的信息，而负债栏则记录资金的来源（融资）。

蓝筹股

经营业绩好的大型股份公司的股票。

证券交易所

股票（或其他金融商品）交易的场所。国际上知名的证券交易所有纽约证券交易所、伦敦证券交易所和东京证券交易所等。

经纪人

指为客户购买和出售股票的人，以及为客户管理证券并执行相应订单的存款银行，通过电话、传真或互联网接受和处理客户订单的直销银行等金融机构。

沃伦·巴菲特

一位美国价值投资大师，生于 1930 年 8 月 30 日。他是著名的投资公司伯克希尔–哈撒韦的创始人，该公司的 A 股是目前为止世界上最昂贵的上市公司股票。

账面价值

公司资产负债表上的一种财务指标。从数学角度来看，账面价值是公司总资产与总负债之间的差额。

护城河策略

由沃伦·巴菲特提出的一种投资策略。一家公司如果拥有其竞争对手无法逾越的竞争优势（护城河），这种优势就可以成为投资者买入这家公司股票的依据。巴菲特因为"不可逾越的护城河"而选择购买的股票之一是可口可乐。可口可乐的"护城河"就是它的品牌。

现金流

一种衡量公司流动性的指标，即公司的收入款项与支出款项之间的差额。

图表分析

也称技术分析，指的是借助股票历史与当下的价格走势对其未来走势与发展情况进行评估和推断。

可转债

即可转换债券，指可到期偿还或按照约定的价格兑换为公司的普通股票的债券。

账户

存放股票、基金、权证等有价证券的托管账户。账户由银行和金融服务机构进行管理。

德国 DAX 股票指数

由 30 只最大、销售情况最好的德国股票组成，被视为德国股票市场发展的引领性指数。德国 DAX 股票指数是一个业绩指数，也就是说，公司资本和股息的变化都包含在该指数的计算之中。人们会对 DAX 30 指数的组成定期进行检查并在必要时进行修正。

多元化

一种投资方法。为了降低亏损风险，投资者可在不同的股票或资产类别（股票、债券、基金）之间分配可用资金，并确保这些投资不会在不同的证券交易市场上以相同的方式做出反应。然而，沃伦·巴菲特一再强调不要过度多元化，因为这种多元化的方法同样会稀释业绩。

股息

股份公司在股东大会上做出的利润分配决议。就德国股份公司而言，这些被分配的利润通常会在股东大会召开之后的第三个工作日支付给股东。在德国，股息通常每年支付一次。在美国，股息通常每年支付 4 次。除此之外，股息支付还有一个很重要的因素是股权登记日，即股东必须在某一特定日期或该日期之前在自己的账户中持有该公司的股票。

股息收益率

一种财务指标，用于衡量股份公司的股息金额与市场价值的关系。目前德国 DAX 股票指数包含的公司股息率在 0 到 5% 之间。

股息收益率 = 每股股息 / 每股股价 ×100%

大卫·多德

美国经济学家、投资者，生于 1895 年 8 月 23 日，逝于 1988 年 9 月 18 日。他与哥伦比亚大学的本杰明·格雷厄姆一起提出了著名的价值投资理论。

道琼斯工业平均指数

一个美国股票指数，简称道琼斯指数。它是世界上最古老的股票指数之一，由查尔斯·道于 1884 年编制，包括 30 家美国规模最大的上市公司。道琼斯指数是一个价格指数。

有效市场假说

一种金融理论，由美国诺贝尔奖得主尤金·法玛提出。该假说认为，金融市场是一个完美的有效市场，所有市场信息都可以在很短的时间内被提供给所有参与者。这意味着金融市场上的价格与价值始终处于均衡状态，并且从长远来看，在金融市场上不可能获得高于平均水平的利润。有效市场假说受到了价值投资倡导者沃伦·巴菲特和本杰明·格雷厄姆的驳斥。

自有资本

即公司的资产减去负债。换句话说，自有资本是公司创始人带入公司的资本加上公司剩余的利润。与自有资本相对的是外部资本。

自有资本比率

一种衡量自有资本与公司总资本之间比率的财务指标。它可以显示公司的资本结构，从而传递出有关公司信誉的信息。公司的自有资本比率与公司所在行业有很大的关联。

自有资本比率 = 自有资本 / 总资本 ×100%

自有资本收益率

自有资本收益率也被称为股权收益率，是一个财务比率，它评估了一个公司盈利能力有多高的信息。

自有资本收益率 = 利润 / 自有资本 ×100%

发行人

发行证券的主体，包括公司、银行、保险公司、政府等。

除息日

只有在除息日前持有股票的股东才能参与股息分配。在德国，除息日通常是决定股息数额的年度股东大会的次日。

财务指标

用于评估公司经济状况的比率，如股息收益率、自有资本收益率、市盈率、市净率、市现率、市销率等。

菲利普·费雪

生于 1907 年 9 月 8 日，逝于 2004 年 3 月 11 日，是一位成功的资产管理人，也是 1958 年出版的畅销书《普通的股票，非凡的利润》的作者。1931 年，他成立了自己的投资公司——费雪投资公司，并非常成功地经营到 1999 年。费雪被誉为"成长型投资之父"。成长型投资策略特别注重公司的成长前景（持续稳定的发展、管理层的水平等等）。费雪还因长期持有股票而闻名。

浮存金

指公司可自由支配的资本。当客户定期为某项服务付费，而该服务未来才会兑现（例如保险）时，这些资金就会在公司中累积。

集中投资

指将投资组合聚焦于少数股票。知名的集中投资者包括沃伦·巴菲特、查理·芒格、菲利普·费雪和比尔·鲁安。集中投资在某种程度上与多元化投资形成鲜明对比。

外部资本

即公司从外部投资者那里获得的资本，由公司的负债和准备金组成，比如贷款、抵押、供应商信贷，或者公司在资产负债表中为未来负债预留的资本等。与外部资本相对应的是自有资本。

基本面分析

指根据基本财务数据对股票或公司进行的分析，例如评估其自有资本比率、市盈率、股息收益率等。基本面分析需要对公司的财务指标进行计算和阐释，它的另一个变体是价值投资。

合并

两家或多家原本独立的公司融合为一家公司。

期货

约定在未来某一特定日期以特定价格购买或出售特定数量商品的合约。股票期货也被称为金融期货。

投资收益率

一种财务指标，代表公司所使用的全部资本（包含自有资本与外部资本）的收益率。10% 的投资收益率

意味着一家公司每使用 100 欧元的资本就能获得 10
欧元的利润。

投资收益率 ＝（利润＋外部资本收益）/ 总资本 ×100%

桑迪·戈特斯曼

一位成功的美国投资顾问，1926 年 4 月 26 日生于纽
约。1964 年，他在纽约创立了一家投资咨询公司——
第一曼哈顿有限公司。他很早就投资了伯克希尔–哈
撒韦公司，并于 2003 年成为该公司的董事会成员。
戈特斯曼居住在纽约市拉伊地区。

本杰明·格雷厄姆

生于 1894 年 5 月 9 日，逝于 1976 年 9 月 21 日，美国
经济学家、投资者。他与大卫·多德一起，在纽约哥
伦比亚大学提出了基本面分析的概念，沃伦·巴菲特
是他的学生之一。

成长型投资

一种投资策略，主要投资于高收益、高增长的公司。公司的成长前景（持续的发展、完善的管理）被成长型投资者视为购买股票的决定性因素。菲利普·费雪是成长型投资的奠基人之一。

股东大会

一种股份公司权力机构，由全体普通股股东组成。股东大会每年召开一次，因特殊原因也可以召开临时股东大会。股东大会通过股份公司的董事会、监事会或者管理委员会来确定利润分配、通过有关公司章程的决议、任命年度结算审计人，以及投票表决重要的公司决策（如增资、收购等）。

牛市

股票价格持续上涨的时期。

蝗虫

指那些只对快速回报感兴趣的投资者。这些投资者像蝗虫一样掠食公司。

指数基金

跟踪股票指数的股票基金，如德国 DAX 股票指数基金，道琼斯工业平均指数基金等。

内在价值

一个价值投资领域的财务术语，表示基于对资产负债表的分析或对财务指标的计算而得出的一家公司的合适价值。在考虑到安全边际的情况下，如果一家公司的内在价值高于当前的市场价值，该公司的股票就值得购买。

羊群效应

指人类的群居本能或从众性。这意味着，企业家们做出的决定往往不是出于经济原因，而是由于竞争者或商业环境的影响。

垃圾债券

指违约概率很高的债券，通常由自身经济困难，无法再从银行获得贷款的公司发行。由于违约概率高，相关风险大，垃圾债券通常利率较高。

法人

指具有民事行为能力的组织，包括公司、公共机构、基金会等。从法律的角度看，法人与自然人处于平等地位。股份公司就是一种法人。

资本

一家公司的资本由自有资本和外部资本组成，后者在资产负债表中显示为负债。

市盈率

一种财务指标，用于衡量公司股价与收益的关系。市盈率是股票估值中使用最广泛的财务指标之一。然而，在公司亏损的情况下，市盈率这一指标是没有意义的。在这种情况下，可参考的指标是市现率。从历史上看，德国 DAX 股票指数中的股票平均市盈率约为 15。一般情况下，市盈率明显较低的股票被认为是值得购买的。

市盈率 = 每股股价 / 每股收益

价格指数

反映一组股票的价格走势的指标。与业绩指数不同，计算价格指数时不需要考虑股息和资本的变化。

市净率

一种财务指标，用于衡量公司股价与收益的关系。市盈率是股票估值中使用最广泛的财务指标之一。然而，在公司亏损的情况下，市盈率这一指标是没有意义的。在这种情况下，可参考的指标是市现率。从历史上看，德国 DAX 股票指数中的股票平均市盈率约为

15。一般情况下，市盈率明显较低的股票被认为是值得购买的。

市净率 = 每股股价 / 每股账面价值

市现率

也称股价与现金流比率，是指一种以流动性为导向的财务指标，可代替市盈率用于亏损情况下的股票评估。市现率这一指标不太容易被企业出于美化其资产负债表的目的刻意修改粉饰。市现率越低，股票越物美价廉。

市现率 = 每股股价 / 每股现金流

市销率

一种专门用于评估亏损股票的财务指标，同时也适用于评估周期性股票，例如工业企业、批发商和原材料生产商的股票，这些公司的利润在很大程度上取决于总体经济发展水平。与同行业的其他股票相比，市销率相对较低的股票被认为价格更便宜。

市销率 = 每股股价 / 每股销售额

做空

指股票（以及其他有价证券、商品或外汇）在出售时并未由各自的市场参与者所有的情况。交易者选择做空通常是因为推测自己以后能够以更低的价格买入。

杠杆收购

指以高比例的外部资本进行的公司收购。被收购公司的现金流通常用于偿还债务。

市值

也称股票市值，指上市公司股票的总价值。市值是上市公司当前股价与流通股数的乘积。

查理·芒格

生于 1924 年 1 月 1 日，美国律师、价值投资大师。自 1978 年以来，他一直担任伯克希尔 - 哈撒韦公司的副董事长。

自然人

基于出生而取得民事主体资格的人。与自然人相对的
是法人。

绩优股

指价格走势明显优于平均水平（以行业平均水平或指
数为衡量标准）的股票。

绩效指数

与价格指数相对，在计算时通常会考虑资本和股息的
变化。德国 DAX 股票指数就是绩效指数。

投资组合

指投资者所持有的证券或基金的总体情况。

投资组合理论

指在多元化投资组合中，单个证券的风险可以被其他证券抵消。根据投资组合理论，持有大量不同的股票是值得的。该理论由美国诺贝尔经济学奖获得者哈里·马科维茨提出。

收益率

投资者从各类投资活动中获得的利率或资本回报的百分比。

比尔·鲁安

生于 1925 年 10 月 24 日，逝于 2005 年 10 月 4 日，是一位成功的美国资产经理。他毕业于哈佛商学院经济学专业，并先后在波士顿银行和基德尔·皮博迪公司工作总计超过 20 多年。1969 年，鲁安创办了自己的投资公司，并成立了红杉基金。在巴菲特合伙有限公司解散后，巴菲特的一些前商业伙伴在推荐下加入了该基金。红杉基金非常成功，业绩大大超过标准普尔 500 指数。

美国证券交易委员会

美国证券交易行业的最高机构，负责美国证券行业的监督和管理，位于华盛顿。

情绪分析

一种市场分析方法，该方法认为在评估价格走势时，还应考虑市场参与者的普遍情绪。情绪分析可以建立在民意调查结果、内幕交易数量和（或）媒体报道等几个方面之上。

安全边际

指股票的购买价格与实际价值之间的差额，旨在抵消或降低投资风险。价值投资者通过计算一家公司或一只股票的内在价值（账面价值）确定安全边际。当股票的价格低于其内在价值一定程度（例如 20% 或 25%）时，价值投资者就将这种情况视为具备安全边际，可以买入该股票。

价差

证券在证券交易所的买入价和卖出价之间的差额。

普通股

股份持有人在股东大会上可拥有表决权的股份。没有表决权的股份被称为优先股。

标准普尔 500 指数

一种反映美国市场表现情况的股票指数。它是根据美国 500 家最大的股份公司的股价计算的。与道琼斯工业平均指数相比，它更能准确地反映美国的经济状况。

自由流通股

指一家公司在证券交易所交易的股份数量。大股东持有的公司股份不属于自由流通股。

交易员

指短期买卖证券的投机者，他们利用市场中的价格波动赚取利润。

转机

指受危机困扰、业绩不佳的公司成功恢复盈利。

要约收购

一种旨在取得上市公司控制权的证券交易形式。收购目标公司 30% 以上的表决权份额即可实现对一家股份公司的控制。

恶意收购

在事先未与董事会、监事会和公司员工协商的情况下，向股东发出要约收购公告。在实际操作中，恶意收购会进行形式上的调整，并通常被所收购公司的权力机构接受。

友好收购

在发出要约收购公告之前与公司的所有机构经过谈判并最终达成一致的收购。

价值投资

一种证券分析方法，是基本面分析法的变体。价值投资者投资于股票价格明显低于公司内在价值的公司。这些公司通常具有低市盈率和高于平均水平的股息率。价值投资者的目标是识别被低估的公司并对其进行投资。价值投资是由美国经济学家本杰明·格雷厄姆和大卫·多德在20世纪30年代提出的概念。最著名的价值投资者包括本杰明·格雷厄姆、沃伦·巴菲特和查理·芒格等。

负债

指一家公司未履行的财务义务的总和。包括银行贷款、各公司发行的债券和客户为尚未提供的服务支付的预付款等。公司的负债必须显示在年度资产负债表的负债一栏。

波动性

表示一段时间内一只股票波动范围的指标。具有高波动性（通常以贝塔系数值衡量）的股票会显示为价格的频繁波动。

董事会

股份公司的 3 个主要权力机构之一，主要职能是公司的管理以及法律上对公司的代表。在德国，董事会成员由监事会任命。

优先股

也称享有优先权的股票，特点是具有"利润分配的优先权"，即股息高于普通股。然而，优先股的持有人在股东大会上没有投票权。

证券分析

对证券市场的系统性调查与分析。证券分析的目的是得出对单个证券的买入、持有或卖出建议。在证券投资的具体实践中，3 种不同类型的证券分析具有如下区别：基本面分析考察的是一家公司的经营数据，并根据这些数据提出操作建议。图表分析考察的是一只证券迄今为止的价格走势，并由此推测出该证券未来的发展趋势。情绪分析考察的是市场投资者的情绪，并由此提出相关操作建议。

烟蒂投资策略

一种股票投资策略，由沃伦·巴菲特根据本杰明·格雷厄姆的选股方法总结提出。该策略把购买一家被低估的公司的股票比喻为捡到一个被人扔掉的烟蒂。这里的"最后再抽一口"指的是这笔投资几乎不需要支付什么费用。

参考文献

1   Schroeder, Alice, Warren Buffett – Das Leben ist wie ein Schneeball, München 2010, S. 69.

2   Lowenstein, Roger, Buffett – Die Geschichte eines amerikanischen Kapitalisten, Kulmbach 2009, S. 23.

3   Hagstrom, Robert G., Warren Buffett – Sein Weg, Seine Methoden, Seine Strategie, Kulmbach 2017, S. 48 f.

4   Schroeder, Alice, Warren Buffett – Das Leben ist wie ein Schneeball, München 2010, S. 83.

5   Lowenstein, Roger, Buffett – Die Geschichte eines amerikanischen Kapitalisten, Kulmbach 2009, S. 38.

6   Schroeder, Alice, Warren Buffett – Das Leben ist wie ein Schneeball, München 2010, S. 89.

7   Schroeder, Alice, Warren Buffett – Das Leben ist wie ein Schneeball, München 2010, S. 92.

8   Schroeder, Alice, Warren Buffett – Das Leben ist wie ein Schneeball, München 2010, S. 96.

9   Schroeder, Alice, Warren Buffett – Das Leben ist wie ein Schneeball, München 2010, S. 116.

10 Lowenstein, Roger, Buffett – Die Geschichte eines amerikanischen Kapitalisten, Kulmbach 2009, S. 58.

11 Schroeder, Alice, Warren Buffett – Das Leben ist wie ein Schneeball, München 2010, S. 125.

12 Lowenstein, Roger, Buffett – Die Geschichte eines amerikanischen Kapitalisten, Kulmbach 2009, S. 63.

13 Hagstrom, Robert G., Warren Buffett – Sein Weg, Seine Methoden, Seine Strategie, Kulmbach 2017, S. 52.

14 Schroeder, Alice, Warren Buffett – Das Leben ist wie ein Schneeball, München 2010, S. 146.

15 Lowenstein, Roger, Buffett – Die Geschichte eines amerikanischen Kapitalisten, Kulmbach 2009, S. 64.

16 Schroeder, Alice, Warren Buffett – Das Leben ist wie ein Schneeball, München 2010, S. 152.

17 Davis, Lawrence James, Buffett takes stock, in: The New York Times – Magazine, 01.04.1990, S.2.

18 Lowenstein, Roger, Buffett – Die Geschichte eines amerikanischen Kapitalisten, Kulmbach 2009, S. 73.

19 Davis, Lawrence James, Buffett takes stock, in: The New York Times – Magazine, 01.04.1990, S.2.

20 Schroeder, Alice, Warren Buffett – Das Leben ist wie ein Schneeball, München 2010, S. 164.

21 Schroeder, Alice, Warren Buffett – Das Leben ist wie ein Schneeball, München 2010, S. 162.

22 Schroeder, Alice, Warren Buffett – Das Leben ist wie ein Schneeball, München 2010, S. 164 f.

23 Schroeder, Alice, Warren Buffett – Das Leben ist wie ein Schneeball, München 2010, S. 166 f.

24 Hagstrom, Robert G., Warren Buffett – Sein Weg, Seine Methoden, Seine Strategie, Kulmbach 2017, S. 54.

25 Schroeder, Alice, Warren Buffett – Das Leben ist wie ein Schneeball, München 2010, S. 177.

26 Schroeder, Alice, Warren Buffett – Das Leben ist wie ein Schneeball, München 2010, S. 190.

27 Hagstrom, Robert G., Warren Buffett – Sein Weg, Seine Methoden, Seine Strategie, Kulmbach 2017, S. 54.

28 Office Memorandum, Goverment Employees Insurance Corporation, Buffett-Falk & Co. vom 09.10.1951.

29 Lowenstein, Roger, Buffett – Die Geschichte eines amerikanischen Kapitalisten, Kulmbach 2009, S. 96.

30 Schroeder, Alice, Warren Buffett – Das Leben ist wie ein Schneeball, München 2010, S. 212.

31 Schroeder, Alice, Warren Buffett – Das Leben ist wie ein Schneeball, München 2010, S. 214.

32 Schroeder, Alice, Warren Buffett – Das Leben ist wie ein Schneeball, München 2010, S. 228.

33 Schroeder, Alice, Warren Buffett – Das Leben ist wie ein Schneeball, München 2010, S. 229.

34 Lowenstein, Roger, Buffett – Die Geschichte eines amerikanischen Kapitalisten, Kulmbach 2009, S. 102.

35 Schroeder, Alice, Warren Buffett – Das Leben ist wie ein Schneeball, München 2010, S. 230.

36 Lowenstein, Roger, Buffett – Die Geschichte eines amerikanischen Kapitalisten, Kulmbach 2009, S. 105.

37 Schroeder, Alice, Warren Buffett – Das Leben ist wie ein Schneeball, München 2010, S. 242.

38 Hagstrom, Robert G., Warren Buffett – Sein Weg, Seine Methoden, Seine Strategie, Kulmbach 2017, S. 55.

39 Schroeder, Alice, Warren Buffett – Das Leben ist wie ein Schneeball, München 2010, S. 247.

40 Davis, Lawrence James, Buffett takes stock, in: The New York Times – Magazine, 01.04.1990, S.3.

41 Schroeder, Alice, Warren Buffett – Das Leben ist wie ein Schneeball, München 2010, S. 249.

42 Lowenstein, Roger, Buffett – Die Geschichte eines amerikanischen Kapitalisten, Kulmbach 2009, S. 130.

43 Schroeder, Alice, Warren Buffett – Das Leben ist wie ein Schneeball, München 2010, S. 260 ff.

44 Lowenstein, Roger, Buffett – Die Geschichte eines amerikanischen Kapitalisten, Kulmbach 2009, S. 125.

45 Schroeder, Alice, Warren Buffett – Das Leben ist wie ein Schneeball, München 2010, S. 280 f.

46 Schroeder, Alice, Warren Buffett – Das Leben ist wie ein Schneeball, München 2010, S. 294 ff.

47 Lowenstein, Roger, Buffett – Die Geschichte eines amerikanischen Kapitalisten, Kulmbach 2009, S. 140 f.

48 Lowenstein, Roger, Buffett – Die Geschichte eines amerikanischen Kapitalisten, Kulmbach 2009, S. 330 ff.

49 Hagstrom, Robert G., Warren Buffett – Sein Weg, Seine Methoden, Seine Strategie, Kulmbach 2017, S. 56 f.

50 Schroeder, Alice, Warren Buffett – Das Leben ist wie ein Schneeball, München 2010, S. 338.

51 Schroeder, Alice, Warren Buffett – Das Leben ist wie ein Schneeball, München 2010, S. 350 ff.

52 Schroeder, Alice, Warren Buffett – Das Leben ist wie ein Schneeball, München 2010, S. 393 f.

53 Lowenstein, Roger, Buffett – Die Geschichte eines amerikanischen Kapitalisten, Kulmbach 2009, S. 165 f.

54 Lowenstein, Roger, Buffett – Die Geschichte eines amerikanischen Kapitalisten, Kulmbach 2009, S. 178 ff.

55 Lowenstein, Roger, Buffett – Die Geschichte eines amerikanischen Kapitalisten, Kulmbach 2009, S. 203.

56 Schroeder, Alice, Warren Buffett – Das Leben ist wie ein Schneeball, München 2010, S. 398.

57 Arnold, Glen, Die größten Investoren aller Zeiten, Kulmbach 2012, S.85 f.

58 Lowenstein, Roger, Buffett – Die Geschichte eines amerikanischen Kapitalisten, Kulmbach 2009, S. 292.

59 Lowenstein, Roger, Buffett – Die Geschichte eines amerikanischen Kapitalisten, Kulmbach 2009, S. 220 ff.

60 Schroeder, Alice, Warren Buffett – Das Leben ist wie ein Schneeball, München 2010, S. 409 ff.

61 Hagstrom, Robert G., Warren Buffett – Sein Weg, Seine Methoden, Seine Strategie, Kulmbach 2017, S. 86 f.

62 Lettter to the Shareholders of Berkshire Hathaway Inc. 2012 vom 01.03.2013.

63 Schroeder, Alice, Warren Buffett – Das Leben ist wie ein Schneeball, München 2010, S. 481.

64 Lowenstein, Roger, Buffett – Die Geschichte eines amerikanischen Kapitalisten, Kulmbach 2009, S. 285 ff.

65 Schroeder, Alice, Warren Buffett – Das Leben ist wie ein Schneeball, München 2010, S. 455.

66 Hagstrom, Robert G., Warren Buffett – Sein Weg, Seine Methoden, Seine Strategie, Kulmbach 2017, S. 136.

67 Brophy, Beth, After the Fall and Rise, in: Forbes vom 02.02.1981, S. 86.

68 Hagstrom, Robert G., Warren Buffett – Sein Weg, Seine Methoden, Seine Strategie, Kulmbach 2017, S. 137 ff.

69 Lowenstein, Roger, Buffett – Die Geschichte eines amerikanischen Kapitalisten, Kulmbach 2009, S. 382.

70 Schroeder, Alice, Warren Buffett – Das Leben ist wie ein Schneeball, München 2010, S. 543 ff und www.thebuffett.com

71 Schroeder, Alice, Warren Buffett – Das Leben ist wie ein Schneeball, München 2010, S. 583.

72 Schroeder, Alice, Warren Buffett – Das Leben ist wie ein Schneeball, München 2010, S. 627 ff.

73 Lowenstein, Roger, Buffett – Die Geschichte eines amerikanischen Kapitalisten, Kulmbach 2009, S. 477.

74 Schroeder, Alice, Warren Buffett – Das Leben ist wie ein Schneeball, München 2010, S. 603 f.

75 Hagstrom, Robert G., Warren Buffett – Sein Weg, Seine Methoden, Seine Strategie, Kulmbach 2017, S. 152.

76 Hagstrom, Robert G., Warren Buffett – Sein Weg, Seine Methoden, Seine Strategie, Kulmbach 2017, S. 154.

77 Arnold, Glen, Die Größten Investoren aller Zeiten, Kulmbach 2012, S.117 f.

78 Lettter to the Shareholders of Berkshire Hathaway Inc. vom 28.02.1989.

79 Hagstrom, Robert G., Warren Buffett – Sein Weg, Seine Methoden, Seine Strategie, Kulmbach 2017, S. 160.

80 Lowenstein, Roger, Buffett – Die Geschichte eines amerikanischen Kapitalisten, Kulmbach 2009, S. 594.

81 Letter to the Shareholders of Berkshire Hathaway Inc. vom 01.03.1991.

82 Lowenstein, Roger, Buffett – Die Geschichte eines amerikanischen Kapitalisten, Kulmbach 2009, S. 689.

83 Schroeder, Alice, Warren Buffett – Das Leben ist wie ein Schneeball, München 2010, S. 658 ff.

84 Lowenstein, Roger, Buffett – Die Geschichte eines amerikanischen Kapitalisten, Kulmbach 2009, S. 690.

85 Hagstrom, Robert G., Warren Buffett – Sein Weg, Seine Methoden, Seine Strategie, Kulmbach 2017, S. 171 f.

86 Pressemitteilung Berkshire Hathaway vom 13.02.1996.

87 Schroeder, Alice, Warren Buffett – Das Leben ist wie ein Schneeball, München 2010, S. 762 f.

88 Schroeder, Alice, Warren Buffett – Das Leben ist wie ein Schneeball, München 2010, S. 789 ff.

89 Schroeder, Alice, Warren Buffett – Das Leben ist wie ein Schneeball, München 2010, S. 793 ff.

90 Schroeder, Alice, Warren Buffett – Das Leben ist wie ein Schneeball, München 2010, S. 31 ff.

91 Wikipedia-Beitrag zu Berkshire Hathaway und Schroeder, Alice, Warren Buffett – Das Leben ist wie ein Schneeball, München 2010, S. 831 f.

92 https://de.wikipedia.org/wiki/Forbes_Global_2000#2004

93 BRK kaufte in 2006 80 Prozent der Aktien, in 2012 die restlichen 20 Prozent.

94 http://www.richlinegroup.com

95 Pressemitteilung der TTI Inc. vom 30.03.2007 auf www.ttiinc.com

参考文献

96 Schroeder, Alice, Warren Buffett – Das Leben ist wie ein Schneeball, München 2010, S. 956.

97 Schroeder, Alice, Warren Buffett – Das Leben ist wie ein Schneeball, München 2010, S. 959.

98 In 2008 kaufte Buffett zunächst 60 Prozent des Unternehmens und in den Folgejahren die restlichen Anteile; s. http://www.marmon.com

99 Schroeder, Alice, Warren Buffett – Das Leben ist wie ein Schneeball, München 2010, S. 943.

100 Schroeder, Alice, Warren Buffett – Das Leben ist wie ein Schneeball, München 2010, S. 945.

101 http://www.thebuffett.com/stock/period-10.html

102 Schroeder, Alice, Warren Buffett – Das Leben ist wie ein Schneeball, München 2010, S. 951 ff.

103 Schroeder, Alice, Warren Buffett – Das Leben ist wie ein Schneeball, München 2010, S. 974.

104 https://www.forbes.com/lists/2007/10/07billionaires_The-Worlds-Billionaires_Rank.html

105 Letter to the Shareholders of Berkshire Hathaway Inc. vom 28.02.2014.

106 Letter to the Shareholders of Berkshire Hathaway Inc. vom 25.02.2017.

107 Letter to the Shareholders of Berkshire Hathaway Inc. vom 25.02.2017.

108 Letter to the Shareholders of Berkshire Hathaway Inc. vom 25.02.2017.

109 Letter to the Shareholders of Berkshire Hathaway Inc. 1989 vom 02.03.1990.

110 Letter to the Shareholders of Berkshire Hathaway Inc. 1989 vom 02.03.1990.

111 Letter to the Shareholders of Berkshire Hathaway Inc. 1989 vom 02.03.1990.

112 Schroeder, Alice, Warren Buffett – Das Leben ist wie ein Schneeball, München 2010, S. 322.

113 Schroeder, Alice, Warren Buffett – Das Leben ist wie ein Schneeball, München 2010, S. 217.

114 Griffin, Tren, Charlie Munger – Ich habe dem nichts mehr hinzuzufügen, München 2016, S. 180.

115 Bill Gates, Fortune 1996, zitiert in: Griffin, Tren, Charlie Munger – Ich habe dem nichts mehr hinzuzufügen, München 2016, S. 142.

116 Benjamin Graham, zitiert in: Griffin, Tren, Charlie Munger – Ich habe dem nichts mehr hinzuzufügen, München 2016, S. 47.

117 Letter to the Shareholders of Berkshire Hathaway Inc. 1977 vom 14.03.1978 und 1992 vom 01.03.1993.

118 Schroeder, Alice, Warren Buffett – Das Leben ist wie ein Schneeball, München 2010, S. 322

119 Letter to the Shareholders of Berkshire Hathaway Inc. 1977 vom 14.03.1978.

120 Letter to the Shareholders of Berkshire Hathaway Inc. 1981 vom 14.03.1978.

121 Letter to the Shareholders of Berkshire Hathaway Inc. 1985 vom 04.03.1986.

122 Hagstrom, Robert G., Warren Buffett – Sein Weg, Seine Methoden, Seine Strategie, Kulmbach 2017, S. 179.

123 Buffett, Warren, University of Florida 1998 (zitiert in Griffin S. 128)

124 Letter to the Shareholders of Berkshire Hathaway Inc. 1996 vom 28.02.1997.

125 Schroeder, Alice, Warren Buffett – Das Leben ist wie ein Schneeball, München 2010, S. 31 ff.

126 Lowenstein, Roger, Buffett – Die Geschichte eines amerikanischen Kapitalisten, Kulmbach 2009, S. 157.

127 Letter to the Shareholders of Berkshire Hathaway Inc. 1993 vom 01.03.1994.

128 Schroeder, Alice, Warren Buffett – Das Leben ist wie ein Schneeball, München 2010, S. 824.

129 Schroeder, Alice, Warren Buffett – Das Leben ist wie ein Schneeball, München 2010, S. 824 f.

130 Lowenstein, Roger, Buffett – Die Geschichte eines amerikanischen Kapitalisten, Kulmbach 2009, S. 498.

131 Hagstrom, Robert G., Warren Buffett – Sein Weg, Seine Methoden, Seine Strategie, Kulmbach 2017, S. 292.

132 Lowenstein, Roger, Buffett – Die Geschichte eines amerikanischen Kapitalisten, Kulmbach 2009, S. 456.

133 Schroeder, Alice, Warren Buffett – Das Leben ist wie ein Schneeball, München 2010, S. 948.

134 Hagstrom, Robert G., Warren Buffett – Sein Weg, Seine Methoden, Seine Strategie, Kulmbach 2017, S. 100.

135 Schroeder, Alice, Warren Buffett – Das Leben ist wie ein Schneeball, München 2010, S. 956.

136 Schroeder, Alice, Warren Buffett – Das Leben ist wie ein Schneeball, München 2010, S. 384.

137 Schroeder, Alice, Warren Buffett – Das Leben ist wie ein Schneeball, München 2010, S. 473.

138 Letter to the Shareholders of Berkshire Hathaway Inc. 1992 vom 28.02.1997.

139 https://de.wikipedia.org/wiki/Berkshire_Hathaway

140 Schroeder, Alice, Warren Buffett – Das Leben ist wie ein Schneeball, München 2010, S. 956.

参考文献